交通运输行业高层次人才培养项目著作书系

褚春超　卞雪航　陈建营　编译

交通运输外部成本估算方法及应用

Application and Methods on Estimation of Transport External Costs

人民交通出版社股份有限公司
China Communications Press Co.,Ltd.

内 容 提 要

本书为交通运输行业高层次人才培养项目著作书系中的一本。本书对交通运输外部成本进行全面综述，针对交通拥堵、交通事故、环境污染、温室气体、噪声污染等各类交通运输外部成本，从内涵构成、估算方法、参数选取和案例分析等方面进行系统剖析，提出了一整套交通运输外部成本量化估算的方法论，为交通运输外部性研究者和政策制定者提供了最佳的理论借鉴与决策参考。

本书可供交通运输外部性研究人员及交通运输政策制定者和管理者参考使用。

图书在版编目(CIP)数据

交通运输外部成本估算方法及应用 / 褚春超，卞雪航，陈建营编译. — 北京：人民交通出版社股份有限公司，2018.8

(交通运输行业高层次人才培养项目著作书系)

ISBN 978-7-114-14894-1

Ⅰ. ①交… Ⅱ. ①褚… ②卞… ③陈… Ⅲ. ①交通运输企业—成本计算 Ⅳ. ①F505

中国版本图书馆 CIP 数据核字(2018)第 165337 号

交通运输行业高层次人才培养项目著作书系

书　　名：交通运输外部成本估算方法及应用
编 译 者：褚春超　卞雪航　陈建营
责任编辑：牛家鸣　张江成
责任校对：宿秀英
责任印制：张　凯
出版发行：人民交通出版社股份有限公司
地　　址：(100011)北京市朝阳区安定门外外馆斜街 3 号
网　　址：http://www.ccpress.com.cn
销售电话：(010)59757973
总 经 销：人民交通出版社股份有限公司发行部
经　　销：各地新华书店
印　　刷：中国电影出版社印刷厂
开　　本：787 × 1092　1/16
印　　张：9
字　　数：209 千
版　　次：2018 年 12 月　第 1 版
印　　次：2018 年 12 月　第 1 次印刷
书　　号：ISBN 978-7-114-14894-1
定　　价：60.00 元

本书编委会

主　　编：褚春超　卞雪航　陈建营

参编人员：高爱颖　刘　洋　赵新惠　刘　芳　杨雪英
罗　凯　马睿君　张　琦　曹园园　徐　婧
张晓利　王宝春　余　静　陈继园　石　磊

书系前言
Preface of Series

进入21世纪以来，党中央、国务院高度重视人才工作，提出人才资源是第一资源的战略思想，先后两次召开全国人才工作会议，围绕人才强国战略实施做出一系列重大决策部署。党的十八大着眼于全面建成小康社会的奋斗目标，提出要进一步深入实践人才强国战略，加快推动我国由人才大国迈向人才强国，将人才工作作为"全面提高党的建设科学化水平"八项任务之一。十八届三中全会强调指出，全面深化改革，需要有力的组织保证和人才支撑。要建立集聚人才体制机制，择天下英才而用之。这些都充分体现了党中央、国务院对人才工作的高度重视，为人才成长发展进一步营造出良好的政策和舆论环境，极大激发了人才干事创业的积极性。

国以才立，业以才兴。面对风云变幻的国际形势，综合国力竞争日趋激烈，我国在全面建成社会主义小康社会的历史进程中机遇和挑战并存，人才作为第一资源的特征和作用日益凸显。只有深入实施人才强国战略，确立国家人才竞争优势，充分发挥人才对国民经济和社会发展的重要支撑作用，才能在国际形势、国内条件深刻变化中赢得主动、赢得优势、赢得未来。

近年来，交通运输行业深入贯彻落实人才强交战略，围绕建设综合交通、智慧交通、绿色交通、平安交通的战略部署和中心任务，加大人才发展体制机制改革与政策创新力度，行业人才工作不断取得新进展，逐步形成了一支专业结构日趋合理、整体素质基本适应的人才队伍，为交通运输事业全面、协调、可持续发展提供了有力的人才保障与智力支持。

"交通青年科技英才"是交通运输行业优秀青年科技人才的代表群体，培养选拔"交通青年科技英才"是交通运输行业实施人才强交战略的"品牌工程"之一，1999年至今已培养选拔282人。他们活跃在科研、生产、教学一线，奋发有为、锐意进取，取得了突出业绩，创造了显著效益，形成了一系列较高水平的科研成果。为加大行业高层次人才培养力度，"十二五"期间，交通运输部设立人才培养专项经费，重点资助包含"交通青年科技英才"在内的高层次人才。

人民交通出版社以服务交通运输行业改革创新、促进交通科技成果推广应用、支持交通行业高端人才发展为目的，配合人才强交战略设立“交通运输行业高层次人才培养项目著作书系”（以下简称“著作书系”）。该书系面向包括“交通青年科技英才”在内的交通运输行业高层次人才，旨在为行业人才培养搭建一个学术交流、成果展示和技术积累的平台，是推动加强交通运输人才队伍建设的重要载体，在推动科技创新、技术交流、加强高层次人才培养力度等方面均将起到积极作用。凡在“交通青年科技英才培养项目”和“交通运输部新世纪十百千人才培养项目”申请中获得资助的出版项目，均可列入“著作书系”。对于虽然未列入培养项目，但同样能代表行业水平的著作，经申请、评审后，也可酌情纳入“著作书系”。

高层次人才是创新驱动的核心要素，创新驱动是推动科学发展的不懈动力。希望“著作书系”能够充分发挥服务行业、服务社会、服务国家的积极作用，助力科技创新步伐，促进行业高层次人才特别是中青年人才健康快速成长，为建设综合交通、智慧交通、绿色交通、平安交通做出不懈努力和突出贡献。

交通运输行业高层次人才培养项目

著作书系编审委员会

2014年3月

作者简介

Author Introduction

褚春超，博士，研究员，任职于交通运输部科学研究院交通发展研究中心（财政与金融研究中心），长期从事交通运输改革与政策、财政与金融、科技与管理等方面研究，财政部、国家发改委PPP专家库专家，国家公路建设项目评标专家库专家，交通运输青年科技英才。先后主持或参与省部级重大科研项目40余项，获得省部级科技奖励6项。主编《高速公路特许经营理论与实践》等专著，发表相关学术论文40余篇。

前　言
Foreword

交通运输是国民经济的基础性、先导性、战略性产业和重要的服务性行业，在支撑、保障和促进经济社会发展的同时又体现出很明显的负外部性。一方面，改革开放以来，我国交通运输取得了巨大的历史成就，基础设施规模不断扩大，网络布局结构逐步完善，运输服务水平显著提高，安全保障能力有效增强，有力地支撑了我国经济社会的发展和人民生活水平的提高。另一方面，交通运输的快速发展使得其负面影响越来越突出，特别是在交通事故、交通拥堵、能源消耗、环境污染、温室气体排放等方面，严重影响了人们的生活质量和生态环境。对此，如何在不断发挥交通运输的正面效用的同时，尽可能地降低负外部性，是交通运输发展面临的重大挑战。为此，本书将深入研究交通运输负外部性的分类、构成、参数及估算理论和方法，并对中国交通运输负外部性进行实证评价研究，本书研究成果对交通运输外部性治理的政策制定和规制管理具有重要意义和参考价值。

本书以欧盟委员会开展的IMPACT(2008年和2014年)项目研究为基础，结合项目团队在这方面长期的研究成果编译而成。研究基于综合运输角度，涵盖了铁路、公路、民航和水运等多种运输方式，内容包括交通拥堵、交通事故、空气污染、温室效应、噪声污染及其他外部成本等多种外部性，旨在全面综述交通运输外部成本估算方法，提出一整套适合中国交通运输外部成本估算的方法与参考参数值，为各种交通运输外部成本量化分析和内部化政策制定提供最好的实践方法论。

本书共分八章。第一章为交通运输外部成本概述，阐述相关概念、交通运输外部性分类及其特征、估算的通用方法论等。第二~七章分别对交通拥堵、交通事故、空气污染、温室效应、噪声污染和其他外部成本等，从外部成本内涵及构成、估算思路与方法、参数选取与案例实证分析等角度进行研究分析。第八章对外部性成本参数的适用性和数值转换问题进行了分析。附录为IMPACT(2008)

项目研究中的主要参考资料。

本书的编译出版,得到了交通运输部交通运输行业科技拔尖人才培养项目资金计划的支持,也得到了从事这一领域研究的诸多领导和同事的支持帮助,在此一并表示衷心的感谢!

作　者

2018 年 9 月

目　录

Contents

第一章　交通运输外部成本概述

交通运输业具有典型的外部性，这些外部性会造成社会福利经济损失，对社会经济和人民生活产生负面影响。本章从外部性内涵出发，对交通运输外部性类型、特征、估算方法论等进行阐述。

第一节　相关概念

一、外部成本

多数交通运输方式在给社会带来积极改变的同时，也会产生一些负面影响。例如，公路车辆会造成交通堵塞，火车和飞机会产生噪声，轮船会造成空气污染等。与交通运输带来的益处相比，负面影响并不需要交通工具的使用者买单。这些负面影响经常被贴上外部影响的标签。交通运输的外部影响主要包括交通拥堵、交通事故、空气污染、噪声污染和给全球气候带来的消极变化等（表 1-1），与这些消极影响相关的成本叫作外部成本。

交通运输的负外部性　　表 1-1

主要外部性	具体内容
空气污染	碳氢化合物、一氧化碳、氮氢化合物、粉尘、铅等污染物
交通事故	财产损失，人身伤亡
交通拥堵	时间价值损失，并会使空气污染和噪声污染等加剧
温室效应	致使全球变暖的 CO_2 等温室气体
噪声污染	交通所引起的震动和噪声
水污染	地表径流对表面水体及地下水的污染，道路建设对水流的影响
固体废弃物污染	废弃的运输工具（车辆、船等）与运输路线等基础设施
生态破坏	上述环境污染对整个生态系统造成不同程度的破坏

从福利经济学角度看，交通工具使用者在接受交通运输服务供给的同时，也会带来社会福利的损失。

为了正确定义外部成本，区分以下两个概念很重要：

（1）社会成本：社会成本反映的是由交通运输基础设施的供给和使用而引起的所有成本，比如，基础设施的折旧成本、资金费用、拥堵成本、安全成本以及环境成本。

（2）私人成本（内部成本）：私人成本指的是直接由交通工具使用者承担的成本，比如车辆的折旧成本、能源消耗、个人的时间成本、交通费用以及交通税收和收费。

外部成本就是社会总成本中除去私人成本的那一部分。根据福利经济理论，交通运输使用者应该承担所有由交通运输行为所引起的边际成本。考虑到私人边际外部成本（如车辆的磨损成本，驾驶员的个人成本），基础设施的最佳收费应该反映出使用基础设施的边际外部成本。这些成本包括使用交通运输基础设施的磨损成本、拥堵成本、安全成本和环境成本。这些成本中,只有一部分是与钱有关的,其他部分(比如时间浪费,健康损害等等)则是社会福利的损失。

短期的边际成本与现有的基础设施的有效定价相关,长期的边际成本还需要考虑扩大基础设施规模的融资。因此,区分短期和长期的边际成本,需要明确现有的和可变的基础设施成本以及相关的融资项目,比如与交通运输相关的税收和收费,即要将基础设施成本、税收和来自其他的外部成本部分的收费区分开。对此,本书主要阐述由于使用基础设施而带来的边际外部成本(与金钱相关成本以及其他成本),其目的是为市场机制合理设定交通运输的价格提供一个参考基础,可变的和固定的基础设施成本以及税收和收费不在本书的讨论范围之内。

二、内部化

外部成本内部化是指在决策时让交通运输使用者考虑相关的消极影响。通常,外部成本的内部化有几种方法:一是交易许可证,由一个权力机构最初确定负面外部影响水平的最高限度,然后根据一系列规则进行交易。交易许可证为利用市场有效控制负面影响提供了一种可能性。二是税收和收费,包括排污收费、车船购置税、车辆里程税、燃油税、道路拥堵费等。税收和收费是目前各国运用最普遍的经济手段。通过这种方式,可以引导居民出行的交通行为,同时也筹集资金用以实施道路的建设以及环境的净化。三是运输价格方面的定价策略,用价格手段促使交通运输业的良性发展,体现激励性和公平性。

多年以来,交通运输外部成本的估算和内部化一直是欧洲运输业调研和政策制定的重要课题。欧洲委员会(The European Commission)的多个战略性文件涉及外部成本的内部化,如公平和合理定价的绿皮书(The Green Book on Fair and Efficient Pricing,1995),有效使用基础设施的白皮书(The White Paper on Efficient Use of Infrastructure,2001),欧洲交通政策(The European Transport Policy,2001)和中期评估(2006)。这一系列的研究表明,欧洲委员会内化外部成本的方法是以边际社会成本定价的经济理论为依据的,欧洲委员会关于交通总体战略的白皮书(Time to Decide,2001)和中期评估(Keep Europe Moving,2006)都强调了在合理且高效定价过程中考虑外部成本的必要性。通过使用定价的办法内化外部成本,被认为是减少交通运输消极影响的有效途径,作用在于:

(1)提高运输效率,如高效利用仅有的基础设施、能源和清洁环保的运输工具,高效利用不同的交通运输方式;

(2)确保各种交通运输方式合理定价,也就是说从发挥不同运输方式的整体效用和潜能角度确保定价的合理性;

(3)提高安全性和降低交通运输对环境的污染和危害。

第二节 交通运输外部性特征

交通运输的安全成本、拥堵成本和环境成本等有着明显的层次性,对不同的社会部分的影响存在着很大的不同。比如,外部安全成本主要是强加在身份明确的个人身上(受害者个人及其家属),拥堵成本则是强加在陷入拥堵或者被迫放弃使用交通工具的交通运输使用者身上,而环境成本则强加在整个社会上(甚至影响不同年代的人)。表 1-2 给出本书所阐述的交通运输外部成本层次性。

交通运输外部成本层次性　表1-2

成本构成	私人和社会成本	外部成本	不同交通运输方式的差别
拥堵成本	高密度交通运输造成的交通运输使用者和社会的成本(时间、可靠性、运营、经济损失)	超过个人附加成本而强加在其他使用者身上的额外成本	在非定时的交通运输系统内(如公路),外部成本就是在拥堵成本基础之上的边际成本和平均成本的差价。 在定时交通运输系统之内(如铁路运输、空运),外部成本是付款意愿不足部分与现有收费之间的差价
安全成本	安全事故造成的直接和间接的成本(事故直接成本、医疗成本、生产成本、由死亡造成的精神损失成本)	没有纳入个人和集体风险预期、没有参加保险(第三方)的社会成本部分	在个人交通运输中,存在着关于集体风险预期的辩论:个人的安全事故事关个人风险预估,还是关乎集体? 另外,私人保险(私人公路运输)和交通运输提供者的保险(铁路、航空和水运)存在着不同水平的可靠性
环境成本	环境破坏带来的所有损坏(健康成本、资产损失、生物圈破坏、长期危险)	没有纳入考虑范围(没有付款的)的社会成本部分	在不同运输方式下,环境税收和制定的策略措施是不同的

为了进一步准确理解外部成本的层次性,作如下说明分析:

(1)拥堵成本

交通运输使用者遭受了等待和延迟,相当于已经为部分拥堵成本付了款,而对强加到别的交通运输使用者身上的部分成本却没有付款。此外,拥堵外部成本有明显的动态性,随着拥堵的加剧,边际成本将高过平均成本,二者之间的差价则是外部成本,因为使用者仅为平均成本付了款。

(2)安全成本

安全成本的一部分可由第三方保险机构付款,其他部分则是由自已造成创伤的受害者个人来“付款”(通过个人保险或者承受没有赔偿的损失)。因此,考虑和交通运输领域有关的总的保险费用以及在保险系统之外的损坏很重要。

(3)环境成本

环境成本的一部分可以认为已经付了款,比如说通过能源税收或者环境收费(例如,机场噪声收费)。本书主要阐述总的环境成本。

不同交通运输方式外部性关注点见表1-3。

不同交通运输方式外部性关注点　表1-3

成本构成	公路	铁路	航空	水路
拥堵成本	单个运输引起总体的拥堵,主要集中于瓶颈和高峰时段	预定的运输导致不足(统一配置)和延误(运转不足)	同铁路	如果港口/航道没有统一配置,拥堵将是个别现象

续上表

成本构成	公 路	铁 路	航 空	水 路
事故成本	外部性的水平依赖个人自身对待事故的态度(个人或集体风险)、必要的受害人保险补偿(不包括生命价值)	驾驶员(操作员)和受害者之间的差别,保险承担部分的受害人补偿(不包括生命价值)	同铁路	没有主要问题
空气污染	道路和生活区是紧密连在一起的	柴油机和电的使用将是显著的	考虑高空地区的空气污染	海港地区的空气污染防治较为复杂
噪声污染	道路和生活区是紧密连在一起的	相对其他运输方式,铁路的噪声是比较轻微的,但是这也取决于火车通过的时间和次数	与其他运输方式相比,航空噪声更为复杂(取决于运动和噪声的最大值、水平和时间)	没有主要问题
气候变化	与所有温室气体相关	与所有温室气体相关,考虑柴油机和电力产品的使用	与所有温室气体相关(考虑高空地区的空气污染)	与所有温室气体相关

第三节 估算通用方法论

对交通运输外部成本的估算,主要集中在交通事故成本、拥堵成本、气候变化成本、空气污染成本和噪声污染成本等方面。由于测算中要考察环境、人类生命价值等难于用市场价格计算的成本,因此,精确地计算通常会较为困难。而且,采用的具体方法不同,结果也不同。目前主要是借鉴环境经济学的相关理论,采用替代市场法、间接方法和明确喜好法(显示偏好法)等几类方法对交通运输外部成本进行评价。这些评价方法为交通运输外部性内部化提供了方法论指导。

(1)替代市场法

很多环境物品或服务(如清新空气、美好环境等)都没有直接的市场价格来衡量,需要用替代物来间接衡量其价值。替代市场法主要有以下3种:①旅行成本法,用旅行费用来替代衡量人们对环境物品的价值评价;②内涵定价法,通过可购买物品(如房产)的内涵价值来评估空气污染或噪声对物品价格的影响;③规避成本法,用人们为保护自身不受环境损害的影响所支付的费用来衡量环境物品的价值,它是外部成本的货币化评估中采用最广泛的方法。

(2)间接方法

间接方法不直接揭示人们对环境产品的偏好,而是通过计算污染及其影响之间的剂量—反应关系,然后再测定人们对所产生影响的偏好程度,该方法又称剂量反应法。如在估算长期环境外部成本(例如全球变暖、环境污染)时,需要考虑对减少和修复环境破坏的直接和间接成本以及不能修复的环境破坏的成本,通常会采用影响路径法或规避成本方法(避免特定污染的成本)。影响路径法属于剂量-反应法的一种,适用于缺乏剂量反应函数的情况。

(3)明确喜好法

明确喜好法(SP)是估算强加在社会身上的成本(外部性)的最重要的指向标,它通过向经济行为人询问为消除环境不适而愿意支付的成本(或者是忍受某种不适对一定补偿数额的接受意愿），从而获取对环境不适的经济评价。应用明确喜好法需要进行虚拟情景分析，且在很大程度上依赖于调查设计以及信息水平，这在进行个人主要价值比如人的生命价值估算时，评估起来很有效。明确喜好法又可以分为两类：

①为改良交通运输的付款意愿（WTP）；

②接受不改良交通运输的意愿（WTA）。

针对不同的外部成本类型，在估算外部成本时适用的方法如表1-4所示。

外部成本适用的估算方法　　表1-4

外部成本类型	适用估算方法
拥堵成本	明确喜好法 优先选择WTP，替代方法选择WTA
事故成本	防护支出法 为降低交通风险针对生命价值愿意支付的价格
空气污染成本	采用剂量—反应法或规避成本方法 为降低环境影响直接成本或避免环境污染支付成本
气候变化	避免成本法，基于减少GHG排放情境 损坏成本法，基于碳排放交易价格
噪声污染	内涵定价法，防护支出法
建材、材料损耗	影响路径方法 核算修复成本
自然和景观	赔偿成本方法 给予实际修复成本

第四节　主要结论

本书在阐述中将遵循以下主要观点：

（1）根据福利理论方法，基础设施不足导致的成本（道路拥堵、其他方式分配到的基础设施的不足），安全成本的一部分以及环境成本被当成交通运输的外部成本。

（2）区分基础设施成本、相关税收与收费并不是本书所讨论内容。为了制定最佳收费标准和外部成本的内部化，一般需要将现有的税收水平纳入考虑范围（主要是能源税和车辆税）。

（3）不同的成本类型和交通模式有着不同的外部性层次性。环境成本完全是外部性的。

（4）应该基于特定的交通运输情境和群体的边际成本进行估算。如果数据获取困难或成本函数复杂，则需要在国际参数值基础上，使用自下而上的方法。

（5）估值方法应该遵守影响路径方法，使用愿意支付或者接受意愿的方式。如果反应函数很复杂或不确定，其他如规避成本的估算法也是合适的。

（6）并不是所有的成本要素都可用作奖惩机制的基础。

表1-5给出的是主要的问题和每种成本组成的成本动因。之后的章节阐述的是每种成本类型的具体细节。

每类成本的主要问题

表 1-5

成本组成	成本构成	估值问题的关键点	成本函数	需要的数据	影响成本主要参数
拥堵成本（公路）	时间和运营成本；另外，安全和环境成本	车流关系； 时间的经济层面的估值（可靠性）	和交通运输数量相关的边际成本的增加，取决于时间（日、星期或者年份）和地点	车流数据； 每段路程的交通运输以及容量的水平	基础设施的类型； 交通运输和容量的水平，取决于： －时间段 －地点 －意外事故和建设
基础设施不足导致的成本	延迟成本； 机会成本； 其他交通运输使用者的时间消耗	估值方法（机会成本、付款意愿扩大成本以及内部化模式的衡量）	和交通运输数量相关的边际成本的增加，取决于时间（日，星期或者年份）和地点	车流数据； 每段路程的交通运输以及容量的水平	基础设施的类型； 交通运输和容量的水平，取决于： －时间段 －地点
安全成本	医疗成本； 生产成本； 失去生命	人的生命的估值； 个人交通运输行为中的自我意外事故的外部性； 意外事故的分配（相关肇事者与受害人）	交通运输总量与意外事故之间只有有限的相关性； 其他因素（如个人风险因素和基础设施类型）	意外事故数据库； 致命性的定义与重或轻伤的定义十分重要	基础设施类型； 交通运输容量； 车速； 驾驶员特征（如年龄、身体状况等）； 其他
空气污染	健康成本； 寿命较少； 粮食减产； 建筑损失； 自然和生物圈成本	寿命的估值； 粮食市价的损失； 建筑损失的估值； 生物圈中长期风险的估值	与交通运输总量的相关性，排放标准和地点	排放数据比如 PM，NO_x，SO_2，VOC	人口和居住密度； 区域的敏感度； 排放标准，取决于： －交通工具类型和状况 －旅程长度 －基础设施类型 －地点 －速度特征

续上表

成本组成	成本构成	估值问题的关键点	成本函数	需要的数据	影响成本主要参数
噪声成本	租金成本； 烦扰成本； 健康成本	烦扰度估值	和交通运输总量相关的下降的边际成本曲线	发出噪声数据(人数)	人口和居住密度； 白天、夜晚噪声泄漏，取决于： -基础设施类型 -交通工具类型和状况
气候变化	为较少气候变化风险的预防成本； 上升气温的损坏成本	气候变化的长期风险； 高海拔(高空)的破坏水平	交通运输总量和耗费能源的一部分(边际成本接近于平均成本)	排放水平	排放水平，取决于： -交通工具的类型及设备 -速度特征 -运输方式 -能源消耗和能源类型
自然和景观成本	为减少分离效果的成本； 为保证生物多样性的赔偿成本	估值方法(如替代法和付款意愿法)	大部分的成本与基础设施有关，并且不会随着交通运输容量的改变而改变	GIS 基础设施信息	基础设施类型； 区域敏感度
附加的环境成本(水环境，土壤)	为确保土质和水质的成本	估值方法(如避免法与损坏成本法)	与交通运输总量相关的上升的边际成本曲线	GIS 基础设施和排放水平信息	排放水平； 基础设施类型
城区的额外成本	对行人造成的分离成本； 交通运输不足导致的成本	估值方法(如避免法和付款意愿法)	与交通运输密度相关的上升的边际成本曲线	城区的基础设施数据(网络数据、慢速交通运输数据)	基础设施类型； 交通运输水平
上、下游过程	能源循环总过程成本(能源提供的环境和风险影响)	能源风险估值，如气候变化与核风险	与交通运输总量有相当大比例的相关性(边际成本接近于平均成本)	能源加工和电力混成数据	间接能源需求水平； 电力混成(可再生能源的水平)

第二章　交通拥堵外部成本

交通拥堵会给交通使用者和乘客造成时间浪费、增加燃油消耗，而且会增加环境污染甚至会有造成交通安全的隐患。交通拥堵的这些不良影响从经济学角度称为外部不经济，由此产生外部成本。在制定交通拥堵政策和管理模式的过程中，必须考虑交通拥堵外部成本，只有这样才能促进交通运输行业可持续发展。

第一节　交通拥堵及外部成本内涵

一、交通拥堵

交通拥堵是由于人们为竞争使用有限的交通系统空间资源而互相干扰造成的，即在一定时间内交通设施所能提供的交通容量不能满足当前交通需求量。根据基础设施与设备类型，交通拥堵可分为两种类型：

(1)瓶颈拥堵

出现在公路路口，火车站，港口和机场，在城市交通网络中最为显著。额外的使用者成本是由交通设施的容量和服务流程时间(包括排队因素)造成的，这种交通拥堵与交通工具行驶速率没有关系。

(2)流量拥堵

反映了交通路线的运载容量超标，在城际公路上影响很大。从宏观角度看，这种交通拥堵可以很容易地用速率流量图表来描述。在城市交通网络及高级公路上通道封锁的情形下，通常会同时面临瓶颈拥堵和流量拥堵。

二、交通拥堵判定

根据对交通拥堵的理解，在实际应用当中，需要进一步对拥堵状态或程度进行判定，通常有以下几种方法：

(1)以延误时间或是滞留长度表示交通拥堵的状态

日本在1994年制定新的交通拥堵对策时确定的交通拥堵地点判别标准，即采用延误时间或滞留车队长度表示，见表2-1。

日本的交通拥堵判别标准　　表2-1

道路种类	主要拥堵点标准
一般道路	拥堵长度在1km以上或拥堵时间在10min以上
一般道路(其他)	拥堵长度在500km以上或拥堵时间在5min以上
高速公路	拥堵次数30次/年或平均拥堵长度在2km以上
首都高速公路	拥堵量(拥堵长度×持续时间)在15h·km/d以上

在我国，公安部对拥堵路口和拥堵路段的定义也采用车辆排队长度表示。具体为：车辆

在无信号灯控制的交叉路口外，车行道上受阻且排队长度超过250m，或车辆在信号灯控制的交叉路口，3次绿灯显示未通过路口的状态定义为拥堵路口；拥堵路段则定义为车辆在车行道上受阻且排队长度超过1km的状态。

(2)以车速表示交通拥堵状态

《美国道路通行能力手册》在对城市干线街道服务水平的划分中，把车速小于22km/h的不稳定流称为拥堵车流。在我国公安部与建设部共同颁布的2008年版《城市道路交通管理评价指标体系》中，不同类型的城市主干道平均车速分级如表2-2所示。

高峰时段建成区主干道平均车速分级表(km/h)　　表2-2

评价标准等级	一	二	三	四	五
特大型和A类城市	[25,30]	[22,25)	[19,22)	[16,19)	[0,16)
B类城市	[28,33]	[25,28)	[22,25)	[19,22)	[0,19)
C、D类城市	[30,35]	[27,30)	[24,27)	[21,24)	[0,21)
指数	[90,100]	[80,90)	[70,80)	[60,70)	[0,60)

在该指标体系中，用城市主干道上机动车的平均行驶速度来描述城市主干道的交通拥堵程度。其中，主干道平均车速是指中心城区主干道上机动车的平均行驶车速。行驶车速是指车辆通过某段道路的长度与通过该条道路所需的总时间之比(包括中间停车时间和延误时间)，平均行驶车速是出行车辆行驶速度的算术平均值。具体速度与拥堵程度的判别标准如表2-3所示。

交通拥堵程度判别标准　　表2-3

拥堵程度	畅通	轻度拥堵	拥堵	严重拥堵
机动车平均行驶速度(km/h)	≥30	[20,30)	[10,20)	[0,10)

(3)以交通拥堵度衡量交通拥堵状况

这种观点认为，交通拥堵度与车辆流量和车辆的速度具有特定相关关系，随着车辆的增加，车辆之间相互影响的程度发生改变，当交通拥堵度达到分界值时，不同车型速度趋于一致，车辆进一步增加便会带来车速的直线下降，因此可以把交通流量和速度的判定标准转化为交通拥堵度标准。据此，交通拥堵度可界定为交通通行混合当量数与设施设计交通量的比值，其中混合当量数是指各类型交通工具的折算当量数，适应交通量是按照道路通行标准设计的通行服务能力。

三、交通拥堵成本构成

交通拥堵成本由私人拥堵成本和公共外部成本两部分组成。私人拥堵成本指的是交通使用者在接近或超过系统容量时所承担的时间增加和运行成本；公共外部成本则是指系统所有使用者承担的因该交通使用者进入此系统而造成的成本。概括起来主要体现在：额外时间增加、因发动机额外低效率工作引起的环境污染成本、增加的燃油消耗、影响驾驶员、影响人的心情以及其他额外成本等。

(1)额外时间增加

时间损失是交通拥堵的直接体现，在一条饱和的道路上每增加一辆车，都会延缓运输，造成该道路上所有车辆的时间损失和燃料消耗，是在运输系统内使用者对其他使用者施加的外部成本。据有关估算，时间价值损失通常占交通拥堵经济成本的90%，具体根据不同的旅行地点、方式和旅途距离有所区别，对货物运输而言，则根据运输方式和货物类型有所区别。

(2)额外燃料消耗

交通工具在使用中，有一个最经济的速度，在这个速度下行驶，耗油最省，称之为经济油耗。在拥堵堵塞状态下，由于车辆急停急走或飞机着陆前盘旋飞行导致燃料消耗上升，超过了交通畅通状态下的燃料消耗。根据欧盟有关的统计，这一方面占交通拥堵成本的10%。

(3)环境污染成本

交通拥堵造成的环境污染包括空气污染、噪声污染和水污染等，拥堵造成的那部分污染是很难从整个交通活动造成的污染当中分离出来，但可以肯定的是拥堵和不拥堵时的排污强度不同，拥堵时的车辆低速和怠速会造成更大的空气污染。

(4)精神损失

由于拥堵，通常会导致驾驶员和乘客心情烦躁。这部分外部成本很难量化，通常不予量化考虑。

(5)其他相关成本

比如机会成本，在铁路网络、领空和机场等领域，由于资源有限或设施受控，导致无法达到期望的出发或到达时间，而造成机会成本损失。再比如，在商业运输中，由于交通拥堵除导致一般的时间增加成本外，还会发生因延期交货或送达导致的信誉损失、合同损失等。

第二节　估算思路与方法

衡量交通拥堵外部成本，可通过计算边际社会成本(MSC)来反映，它反映的是当一个新的使用者进入系统后，所有交通使用者全部外部成本(包含私人拥堵成本和公共外部成本两部分)的变化。边际社会成本的确定，用数学方式可以通过使用者数量来获得全部使用者成本，或用实验方式通过观察或宏观模拟模型应用来达到目的。计算边际社会拥堵成本，再通过制定收费政策内部化交通拥堵外部成本，可用来平衡交通供求关系。因为，向交通使用者收取外部成本费用将影响需求水平，从而影响交通拥堵本身的程度。

下面，根据前述交通拥堵外部成本构成，详细阐述有关组成部分的边际外部成本估算方法。

一、额外时间增加成本

交通拥堵额外时间成本的计算方法，基本思路就是计算出单位时间价值和拥堵增加的额外时间，二者相乘结果即为拥堵带来的时间成本损失。即：

$$\text{额外时间成本} = \text{单位时间价值} \times \text{额外增加时间总量} \tag{2-1}$$

估算交通拥堵额外时间增加，通常有基于调查的时间成本模型和利用速度-交通量关系测算模型两种方法。

(1)基于调查的行程时间成本模型

以车型为基本的测算分类对象，调查统计某车型每车的日平均出行人次、每人次因拥堵导致的额外时间、此类车型总量和乘坐此类车型人次的平均时间价值，就可以得到此类车型的额外时间总成本。如下公式：

$$C_{ET}=\sum_{i=1}^{n}w\times t_i\times r_i\times x_i\times q_i \tag{2-2}$$

式中：　C_{ET}——额外行程时间成本（元）；

w——出行者的单位时间价值（元/h）；

t_i——乘坐第 i 种车辆出行的人每天因拥堵导致的额外行程时间（h）；

r_i——第 i 种车辆上的乘坐人数（人）；

x_i——道路上第 i 种车辆总数（辆）；

q_i——第 i 种车辆年平均拥堵时段出行次数（次）；

$i=1,2,\cdots,n$——城市道路上行驶的各种车辆类型。

出行者的单位时间价值严格来说应该区分工作时间价值和休闲时间价值。在现实中，由于拥堵大多发生在工作日的上下班高峰阶段，因此，可以认为因拥堵而增加的额外行程时间均为工作时间。设每天工作时间8h，则：

$$w=\frac{\text{出行者年收入}}{8\times(\text{出行者年工作日})}=\frac{W_y}{8\times D_w} \tag{2-3}$$

式中：W_y——出行者年收入（元）；

D_w——出行者年工作日（天）。

综合考虑以上计算方法，即可测算出行的年度额外时间成本。

考虑把车辆类型分为两大类，分别是客车和货车。在城市道路考虑客车主要分为出租车、私家车、公务车和公交车四类，不考虑货车。在高速公路或者城市间道路上，需要考虑货车和客车，但是不考虑公交车和出租车。算式中的时间价值，根据当地的收入水平获得。

应当注意：本方法的思路是从微观角度推导到宏观层面的方法，需要进行大量调研作为支撑才能够实现，鉴于获得数据的难度，此方法适用于比较小区域范围内测算研究。

（2）利用速度-交通量关系测算时间总成本

交通拥堵突出表现之一就是车辆速度明显下降，构建速度和交通量模型，可以对交通拥堵导致的时间损失外部成本进行考察。该模型假设所有出行者、出行车辆没有差别，即单位出行成本、运行费用是一致的，单位时间价值相等。

每辆车的单位行驶里程的时间成本可以用下式表达：

$$g=VT \tag{2-4}$$

式中：g——单车每公里的时间成本；

V——单位时间成本；

T——每公里旅行所需时间，即速度（S）的倒数。

一般的，速度（S）是车流量（F）的函数：

$$S=S(F) \tag{2-5}$$

由于车速是车流量的减函数，因此$\partial S/\partial F<0$，因而 g 可以写成：

$$g=\frac{1}{S(F)}V=\frac{V}{S(F)} \tag{2-6}$$

则总的车流量单位里程总成本（TC）为：

$$TC=gF=\frac{VF}{S(F)} \tag{2-7}$$

在一定区域范围内 TC 与路网里程相乘得到测算对象的总的时间成本。其中根据交通拥堵是速度的定义，只要计算出车辆平均拥堵车速的时间和不拥堵的平均车速时间即可计算出拥堵的额外时间。这种思想可以用下面的公式进行表达：

额外时间成本 = 增加的出行时间 × 平均时间价值(u) × 拥堵出行人次(p_c)

$$c_{\text{time}} = t_{\text{extra}} \times u \times p_c = t_{\text{extra}} \times \frac{I_a}{T_a} \times p_c \tag{2-8}$$

式中：t_{extra}——因拥堵增加的额外出行时间；

u——单人单位时间价值，可以通过居民平均收入 I_a 除以平均工作时间 T_a 得到。

根据交通拥堵与速度的关系模型，只要计算出车辆拥堵时的时间和不拥堵的时间，即可计算出拥堵的额外时间。计算公式如下：

$$t_{\text{extra}} = l \times \left(\frac{1}{v_c} - \frac{1}{v_0}\right) \tag{2-9}$$

式中：l——拥堵出行距离；

v_c——拥堵时的平均车速；

v_0——不拥堵时的平均车速。

综合以上两种思路可以看出，在测算额外时间成本时，最主要的是如何获得因为拥堵造成的额外行程时间 t_{extra}。

第一种思路是通过问卷调查。在实际中，不同的出行者，不同的出行日期，其拥堵耗时都是不一样的。但是，当整个交通系统趋于稳定的时候，每个出行者每天的堵车时间会在一定的误差范围内趋于稳定，所以，可以考虑采用问卷调查的方法来获得直接数据。然后在此基础上加以统计分析，这样得到的数据无疑是非常准确的，但是，单独操作起来比较困难，且容易忽略慢行造成的时间损失。这种方法需要的数据见表 2-4。

基于问卷调查法确定额外行程时间需要的数据及其来源 表 2-4

需要的数据	获取途径
不同车辆类型的汽车保有量 X_i	查阅资料
每种类型的单车年均行驶里程	查阅资料
每种类型的单车年均出行次数	查阅资料
每种类型的单车年均拥堵时段出行次数	查阅资料、整理、推导或加以修正的估计值
每种类型的单车每天拥堵造成的额外时间 t_i	问卷调查
每次出行载客数 r_i	查阅资料、整理、推导或者修正的估计值

第二种思路是用拥堵行程时间减去平均行程时间。这种估算方法操作比较简单，也考虑了慢行情况，但是数据的综合程度较高，精确度较低。同时也不需要调研，即使调研，调研的工作量也很小。用这种方法计算额外时间成本，具体需要的数据见表 2-5。

基于资料统计法确定额外行程时间需要的数据及其来源 表 2-5

需要的数据	获取途径
不同车辆类型的汽车保有量 X_i	查阅资料
每种类型的单车年均行驶里程	查阅资料
每种类型的单车年均出行次数	查阅资料

续上表

需要的数据	获取途径
每种类型的单车年均拥堵时段出行次数	查阅资料、整理、推导或加以修正的估计值
每种类型的单车每次出行行驶里程 l_i	查阅资料、整理、推导或者修正的估计值
每次出行载客数 r_i	查阅资料、整理、推导或者修正的估计值
不拥堵时的平均车速 v_0	查阅资料
拥堵时的平均车速 v_c	查阅资料

二、额外燃料消耗成本

测算额外燃油费，可以借鉴得克萨斯运输学院计算额外燃油成本评价模型，再根据车辆类型加以改进，则关于拥堵造成的燃油费成本计算公式如下：

$$\text{额外燃油成本} = \text{各种类型车的日延误时间} \times \text{高峰期拥堵时的平均车速} \div \text{平均燃油经济效率} \times \text{燃油价格} \times \text{年工作天数} \tag{2-10}$$

其中，“年工作天数”“燃油价格”和“高峰期拥堵时平均车速”依靠调查统计得到数据；“平均燃油经济效率”指的是，在交通拥堵状况下消耗1加仑（折合4.40L）汽油，车辆可以行驶的里程数，即单位里程油耗的倒数。

$$\text{平均燃油经济效率} = \frac{1}{\text{各车型百公里燃料消耗量}(q_{i,\text{fuel}})} \tag{2-11}$$

其中 $q_{i,\text{fuel}}$ 计算公式见表2-6。

交通拥堵状况下各车型百公里燃料消耗量计算表 表2-6

车　型	$q_{i,\text{fuel}}$ 计算公式
车型1	$q_{1,\text{fuel}} = 8.7 \times (0.291 + 24.26/S_1 + 0.000087 \times S_1^2)$
车型2	$q_{2,\text{fuel}} = 27 \times (0.341 + 24.64/S_2 + 0.000068 \times S_2^2)$
车型3	$q_{3,\text{fuel}} = 16 \times (0.209 + 31.04/S_3 + 0.000068 \times S_3^2)$
车型4	$q_{4,\text{fuel}} = 23 \times (0.209 + 31.04/S_4 + 0.000068 \times S_4^2)$
车型5	$q_{5,\text{fuel}} = 26 \times (0.291 + 24.26/S_5 + 0.000087 \times S_5^2)$
车型6	$q_{6,\text{fuel}} = 30 \times (0.291 + 24.26/S_6 + 0.000087 \times S_6^2)$

注：车型分类中，车型1，指≤19座的客车；车型2，指>19座的客车；车型3，指载重量≤2t的货车；车型4，指2t<载重量≤7t的货车；车型5，指7t<载重量≤14t的货车；车型6，指载重量>14t的货车。

专栏2-1 得克萨斯运输学院的评价模型

美国得克萨斯运输学院在2004年度报告里面对美国的道路交通情况进行了系统分析，其中对交通拥堵包括外部成本的测算，体系较完整。该模型将车辆的使用分为两种，一是乘客类（只要指客运），二是商业类（只要指货运），把两类用车的外部成本分别计算出来，再相加得到道路的交通拥堵的总成本。

（1）乘客延误成本

这是对道路交通拥堵造成的乘客出行时间延误成本进行估算：

$$\text{乘客出行延误成本} = \text{乘客类日延误车时} \times \text{每人每小时时间价值} \times \text{次均载客率（人/次）} \times \text{年工作天数}$$

其中，乘客类日延误车时 = 每日总延误车时 × 乘客类用车比重

每日总延误车时 = 平均每车次日延误时间 × 车次数

(2) 乘客额外燃油成本

额外燃油成本计算的是乘客由于交通拥堵而支付的额外燃油费用，这一成本与拥堵高峰期车速、平均燃油效率、燃油价格和日延误车时等变量有关。

乘客额外燃油成本 = 乘客类日延误时间 × 高峰期拥挤时的平均车速 ÷ 平均燃油经济效率 × 燃油价格 × 年工作天数

其中，平均燃油经济效率指的是拥堵情况下消耗1加仑汽油车辆能行驶的里程数。

(3) 商业成本

这是对道路交通拥堵造成的商业成本进行估算，由于商业每小时时间价值中已包含对时间和额外的燃油成本，因此就不再对浪费的时间和燃油分别计算。

商业成本 = 每日总延误车时 × 商业类用车比重 × 商业每小时时间价值 × 年工作天数

(4) 总拥堵成本

将上述(1)～(3)相加得到道路拥堵全年总外部成本，即

拥堵的年外部成本 = 乘客出行延误成本 + 乘客额外燃油成本 + 商业成本

三、环境污染外部成本

交通拥堵造成的环境污染包括空气污染、噪声污染和水污染等，但是拥堵造成的那部分污染是很难从整个交通活动造成的污染当中分离出来的。需要注意的是，拥堵和不拥堵时的排污强度不同，拥堵时的车辆低速和怠速会造成更大的空气污染。因此，就拥堵带来的空气污染的增加，可以利用计算出来的额外的燃油增加与燃油消耗排放系数进行转化计算，即：

额外排放外部成本 = 额外燃油总量 × 燃油排放系数 × 单位排放量成本　　(2-12)

其中，燃油排放系数指燃烧单位燃油（汽油、柴油、液化气）排放的各种污染物的数量。在我国，国家环境保护总局制定的《城市机动车污染排放测算方法》(HJ/T 180—2005)，对营业性机动车各种油耗对应的不同空气污染物的排放系数有明确规定。

第三节　参数选取与结果

估算交通拥堵的经济成本和位置短缺的机会成本，需要许多参数和假设，因为它们不能用规律方式衡量。其中最重要的是：

(1) 时间价值（*VOT*），用于换算时间损失。

(2) 速度-流量关系，描述一辆额外车辆对运输系统也就是对其他使用者和社会成本的影响。

(3) 需求弹性，描述使用者对拥堵外部成本内部化有可能采取的反应。

一、单位时间价值选取

关于时间价值的研究非常多，在欧盟通常采用的是付费意愿法。

UNITE 研究（Unification of Accounts and Marginal Costs for Transport Efficiency，以下简称UNITE）对公路运输使用了每人每小时21欧元（1998年，公共外部成本）和每人每小时4欧

元(私人休闲娱乐)的时间价值。其他研究(如INFRAS/IWW)则使用了更高的数值,以同时考虑可能给受影响雇主、顾客或其他人产生的间接拥堵成本(尤其是对商业或货物运输而言)。

HEATCO研究(Developing Harmonised European Approaches for Transport Costing and Project Assessment,以下简称HEATCO)提议根据国家、交通工具、通行目的和通行距离不同,来界定相应的时间价值,比如对乘坐汽车或火车的通勤人员来说,时间价值为8.48~10.89欧元/(人·h),对乘坐汽车或火车的其他私人旅程来说为7.11~9.13欧元(人·h)。推荐值如表2-7所示,它包含了在欧盟25个国家付费意愿调查的结果。在对具体国家或不同年份的估值进行调整时,可通过考虑相对购买力(采用人均国内生产总值)来实现转换。

乘客和货物运输的时间价值[欧元/(人·h)]　　表2-7

区域/目的		汽车/载货车辆	铁路	公交/长途客车	航空
乘客运输	日工作(商业)	23.82		19.11	32.80
	-往返,短途	8.48		6.10	—
	-往返,长途	10.89		7.83	16.25
	-其他,短途	7.11		5.11	—
	-其他,长途	9.13		6.56	13.62
货物运输		2.98	1.22	—	—

注:1. 数据来源于HEATCO,其中商业运输中的时间价值包含了所有外部成本,包括车辆资源、员工时间成本、额外燃料消耗和顾客的影响等。

2. 表中数据由欧盟25国平均值,用2002年的欧元价值作为计量单位。

二、速度-流量函数关系选取

速度-流量关系取决于基础设施特点、地形、天气状况、交通网络、旅行可选方案、管理制度(速度控制等)和驾驶习惯等。在没有根据当地情况建立准确的函数关系情况下,可以用德国推荐的关于道路经济估量的速度-流量曲线作为分析基础,这些曲线已通过大量速度和流量数据样本进行校准。三车道高速公路上载客车辆和载货车辆的速度-流量变化图如图2-1和图2-2所示。

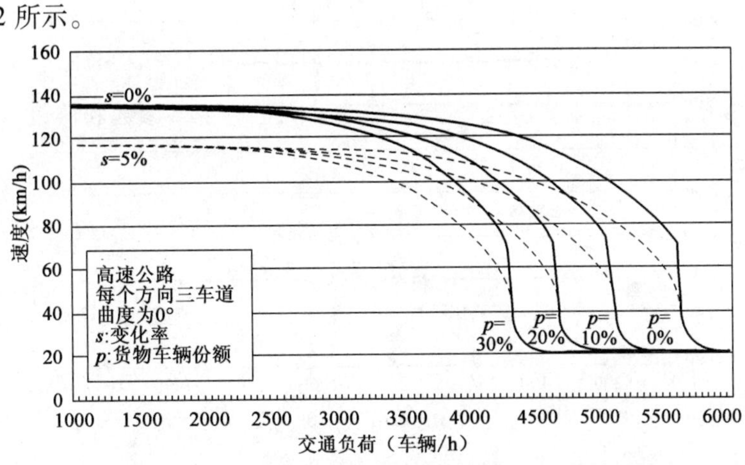

图2-1　三车道高速公路上载客车辆速度-流量曲线

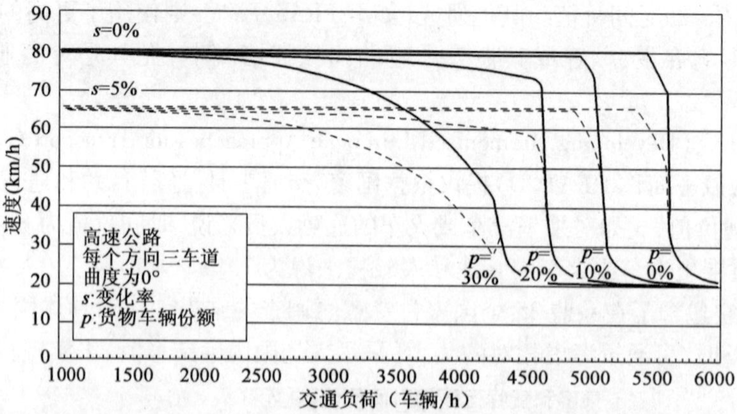

图 2-2　三车道高速公路上货物车辆速度-流量曲线

当交通流达到道路容量限制线时，通行速度的变化变得不可预测，随着交通密度的进一步增加甚至会导致实际服务流量的降低。因此，建议将交通拥堵的边际社会成本价格水平维持在容量限制线以上。

三、社会边际拥堵成本选取

社会边际拥堵成本（以下简称 *MSCP*）描述的是一个额外的用户或交通工具加入到系统中去，却没有考虑其他用户由于他的旅游决策造成影响而产生的结果。当对用户收取这部分外部成本费用时，交通量就会有所反应，拥堵和外部成本会减少。因此，社会边际拥堵成本价格最后的数据产生于边际拥堵成本和需求作用之间的平衡过程。

（1）道路运输社会边际拥堵成本

大多数现存的社会边际拥堵成本的估算来源于欧洲或者英国的研究，其中欧洲大陆的研究常常局限于报告延误、速度和总成本指标。社会边际拥堵成本，一般采用每辆车每公里在交通早高峰时段的支出费用来表示，单位为欧元（2005）。

图 2-3 展示的是收集到的整个城市所有类型道路拥堵的 *MSCP* 值，这种情况下，城市规模大小不是影响社会边际拥堵成本的主要动因。

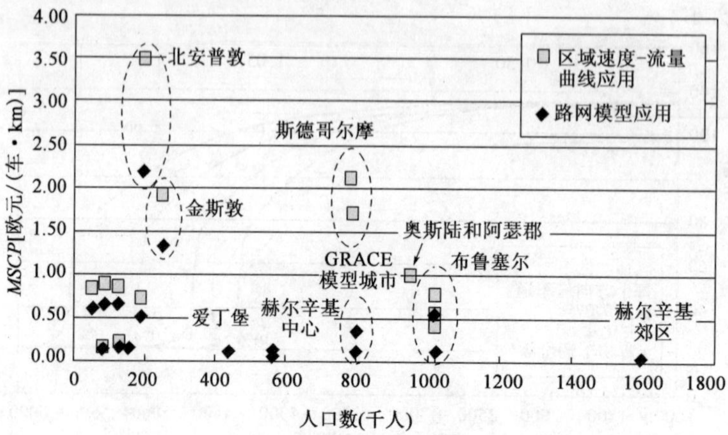

图 2-3　基于不同研究的市区内边际社会拥堵成本

资料来源：UNITE，2002c；GRACE，2006a；Newbery 和 Santos，2002；MC-ICAM，2004。

图2-4从道路类型、城市规模和一些城间通道等方面对现有的结果加以区分。在这种划分下，城市规模对社会边际成本值的影响很明显。

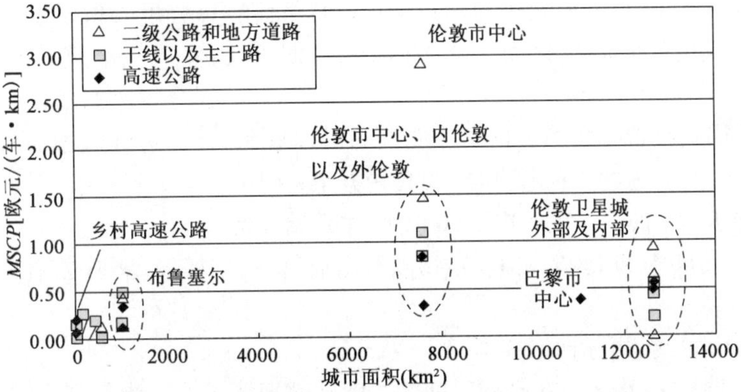

图2-4　基于不同研究的道路和区域的边际社会拥堵成本

来源：UNITE，2002c；ITS，2001；Newbery 和 Santos，2002；MC-ICAM，2004。

下午高峰和非高峰时段的支出费用都比较低，桑塞姆等人（智能交通系统，2001）建议主要城市道路非高峰期的 *MSCP* 值应该为高峰期的1/2。然而，这个要建立在城市的需求特性上。报告称乡村非高峰期的值接近0。

货运车成本的统计。为将货运车成本与乘用车成本进行对比，需要采用相对于小客车当量数（简称 *PCU*）。一般来说，重型卡车的小客车当量数因道路等级不同而不同，大约在2～2.5之间；轻便货车的小客车当量数则较低；摩托车的值通常为0.5。

表2-8给出了小轿车和重型货车（以下简称HGVs）在早高峰时期，在不同地区和道路类型下社会边际成本的推荐值。其中，"中等"这一栏表示的是在假设当地估价数据不可用的条件下，推荐运用的中等估值。需要强调的是，因为当地需求弹性的不同，这些值不能代替当地的实际估价。

不同道路等级和区域下社会边际成本建议范围[欧元/(车·km)]　　表2-8

区域和道路类型	客车			货运汽车			HGV
	最小值	中等	最大值	最小值	中等	最大值	*PCU*
大型城市地区（>2000000人）							
城市高速公路	0.30	0.50	0.90	1.05	1.75	3.15	3.5
城市集散道路	0.20	0.50	1.20	0.50	1.25	3.00	2.5
当地中心街道	1.50	2.00	3.00	3.00	4.00	6.00	2
当地街道	0.50	0.75	1.00	1.00	1.50	2.00	2
小到中型城市地区（<2000000）							
城市高速公路	0.10	0.25	0.40	0.35	0.88	1.40	3.5
城市集散道路	0.05	0.30	0.50	0.13	0.75	1.25	2.5
当地街道	0.10	0.30	0.50	0.20	0.60	1.00	2
乡村地区							
高速公路*	0.00	0.10	0.20	0.00	0.35	0.70	3.5
主干道*	0.00	0.05	0.15	0.00	0.13	0.23	2.5

注：1. HGV为重型货车；*PCU* 为小客车当量数。
2. 用2000年的欧元价值作为计量单位。
3. *表示用需求价格弹性-0.3进行计算。

在不同的交通状况下，有以下几个可选的办法将拥堵成本内部化：

①制定封锁价格。在这种情况下，旅行或者整个日常出行活动将被定价。报告建议把小城镇内大约5km和大型聚集地超过10km的路程的每公里收费转变为封锁价格。收费价格随着一天内的时间变化而变化，在高峰时期收费高一点，非高峰时期则相应降低价格。

②采用阶梯式收费方案。根据车流曲线图可以看到，社会边际成本通常在需求接近道路容量时急剧上升。为此，可制定阶梯式收费方案，比如：

· 当需求达到道路容量的50%或60%时才开始收费。

· 在50%或60%和100%之间时，逐渐升高通行费，例如表2-8中推荐的最大社会边际拥堵成本值。

（2）铁路运输社会边际拥堵成本

在英国和瑞士，铁路运输在高峰时期的边际外部拥堵成本约为每列火车每公里0.20欧元。在瑞典，由于外部积极追加需求（莫因效应），成本数据大体上要比其他国家高出5～10倍。莫因效应排除了增加的铁路旅客或者铁路货运缓解道路拥堵的积极效果。纳什等人（2006）认为，铁轨供给不足是导致铁路拥堵的重要指标。格雷斯（Grace，2006a）通过案例，进一步研究指出铁轨的不足导致在高峰时段的拥堵成本要比非高峰时段大约高10倍。但是铁轨不足的问题通常被看作是机密，难以查找到具体数据。

（3）航空运输社会边际拥堵成本

根据UNITE案例研究（UNITE，2002c）估算，在马德里机场，平均每架飞机每公里的边际拥堵成本大约为10欧元，这包括了机场和空中的拥堵。2006年约翰逊和萨维奇计算出，在下午高峰时期，芝加哥奥黑尔国际机场每架次起飞的拥堵成本达到了17000美元。根据欧洲航空公司协会（简称AEA）2005年的准点报告（AEA，2006），马德里机场的准点率在欧洲27个主要的机场中排23，误点率为25.9%（排名第一的为杜塞尔多夫机场，误点率为13.8%）。这表明了这个边际拥堵成本的平均值稍微低于UNITE案例的数据。在整个欧盟，综合来看边际拥堵成本大约为每架飞机每公里在2～6欧元之间。

（4）海运运输社会边际拥堵成本

考虑到货物装卸和港口物流成本，以及20世纪70年代几个国际港口的等待时间记录，2002年，UNITE断定港口作业没有外部拥堵成本。然而，COMPETE项目对欧盟和美国的港口分析表明港口吞吐量，尤其是北美的港口正在接近极限，而货物装卸和仓储设施成为优先考虑的问题。格雷斯（Grace，2006d）计算出一个港口的一艘船的外部成本为每小时185欧元。但是由于港口通常不保留船只等待时间的记录，所以准确计算海航运输相关的边际外部成本是很困难的。

（5）内河航运社会边际拥堵成本

COMPETE项目的研究结果表明欧洲国家的内陆水路网络运力没有问题。但格雷斯研究发现，在内河航道有许多船闸瓶颈路段，导致过闸等待延误的时间范围大约在0～160min。在案例中，当需求每增加1%时，每艘船的旅费成本将增加50欧元。除了船闸通过能力外，能让所有类型的船通过的足够水深也是一个问题，尤其是在夏天。低水位附加费在莱茵河的水位低于某一个值时生效。基于该附加费，格雷斯计算出考布的拥堵成本每标准集装箱每厘米在 0.38～0.50 欧元之间，杜伊斯堡拥堵成本每标准集装箱每厘米在 0.65～1.25 欧元之间。

第四节 估算应用案例分析

为展示本章方法的应用，这里以 2015 年北京高速公路为对象，只对拥堵造成的额外时间成本进行测算应用分析，且分析测算的是城际交通干线运输通道的交通拥堵的外部成本，不包括城市内的交通拥堵成本。对交通拥堵造成的燃油消耗和排放形成的外部成本，将在其空气污染和温室效应两类外部成本核算中考虑，这里不再进行测算。

交通拥堵时间外部成本测算总体思路：交通拥堵突出表现之一就是车辆速度明显下降，为此首先根据前文对交通拥堵内涵分析，结合我国交通实际，采用交通拥堵度指标描述拥堵程度；其次，基于速度-交通量关系模型，构建描述中国高速公路速度和交通量之间的数量模型；最后，结合拥堵单位时间价值，完成对交通拥堵导致的额外时间损失外部成本的测算。

一、交通拥堵程度量化分析

根据用交通拥堵度衡量交通拥堵状况的理念，这里结合我国交通统计资料实际情况，量化地提出用交通拥堵度来衡量交通拥堵程度。

$$\text{交通拥挤度}=\frac{\text{车辆混合当量数}}{\text{道路交通设计适应交通量}} \tag{2-13}$$

其中，混合当量数 = 汽车当量数 + 拖拉机当量数 + 非机动车当量数；适应交通量是指《公路工程技术标准》(JTG B01—2014)中规定各类公路通行能力(辆/日)。

目前，在我国统计资料中，有国道和省道的交通拥挤度统计数据。经查《2015 中国交通运输统计年鉴》，2015 年北京高速公路拥挤度为 1.07。

二、交通拥堵额外时间计算

(1)根据拥堵度计算对应的车速

根据澳大利亚 PPK 国际工程咨询公司 1996 年完成的世界银行报告《中国公路投资优化研究和改进可行性研究方法》的成果，车速-交通拥堵度(V_P/C_P)关系模型如下：

高速公路和一级公路：

$$S_i = a \times e^{b \times \left(\frac{V_P}{C_P}\right)^2} \qquad \frac{V_P}{C_P} \leqslant 0.8$$

$$S_i = a_1 \times e^{b_1 \times \left(\frac{V_P}{C_P}\right)^2} \qquad \frac{V_P}{C_P} > 0.8 \tag{2-14}$$

二级公路：

$$S_i = a \times e^{b \times \left(\frac{V_P}{C_P}\right)^2} \qquad \frac{V_P}{C_P} \leqslant 0.75$$

$$S_i = a_1 + b_1 \times \left(\frac{V_P}{C_P}\right) \qquad \frac{V_P}{C_P} > 0.75 \tag{2-15}$$

三级和四级公路：

$$S_i = a \times e^{b \times \left(\frac{V_P}{C_P}\right)^2} \qquad \frac{V_P}{C_P} \leqslant 0.67$$

$$S_i = a_1 + b_1 \times \left(\frac{V_P}{C_P}\right) \qquad \frac{V_P}{C_P} > 0.67 \tag{2-16}$$

式中：S——速度(km/h)；

V_P——标准车交通量(辆/h)；

C_P——标准车通行能力(辆/h)；

a、a_1、b、b_1——系数，见表 2-9。

不同公路等级的平均行驶速度-交通量关系模型系数　　表 2-9

公路等级	车型	a	b	a_1	b_1
高速公路和一级公路	小客车	96.55	-0.35	86.04	-0.65
	大客车	79.08	-0.15	78.71	-0.56
	小货车	73.67	-0.16	71.93	-0.47
	中货车	68.31	-0.06	70.96	-0.46
	大货车	65.00	-0.15	62.38	-0.33
二级公路	小客车	80.0	-1.47		
	大客车	53.9	-0.77		
	小货车	60.5	-0.97	80	-60
	中货车	56.7	-0.86		
	大货车	58.4	-0.91		

根据 V_P/C_P 关系模型，计算车速与不同车型、不同等级公路和交通拥堵度之间关系的取值系数见表 2-9(这里仅列出高速公路、一级公路和二级公路的取值系数情况)。

根据我国《公路工程技术标准》(JTG B01—2014)规定，为既要保证公路提供的服务水平和车辆运行质量，避免通车不久就因交通量不适应造成交通阻塞，同时也要兼顾我国的经济水平和公路建设投资力量，应以二级服务水平作为高速公路通行能力的设计依据。据此，高速公路拥堵标准(V_P/C_P)对应取 0.67。

根据车速-交通拥堵度(V_P/C_P)关系模型，针对高速公路运用公式 (2-14)，代入 2015 年北京高速公路交通拥堵度 $V_P/C_P = 1.07$ 和高速公路拥堵判断临界 $V_P/C_P = 0.67$，得到车辆实际车速和拥堵临界车速，见表 2-10。

高速公路不同车型实际速度与拥堵临界速度测算结果(km/h)　　表 2-10

车型	拥堵下实际车速	拥堵临界速度
小客车	28.2	82.5
大客车	30.1	73.9
小货车	32.1	68.6
中货车	32.2	66.5
大货车	35.4	60.8
平均值	31.6	70.5

在高速公路不同车型混合行驶的情况下，高速公路选择以各车型平均速度进行计算，这里采用拥堵下实际车速 31.6km/h 和拥堵临界速度 70.5km/h 计算。

(2)根据拥堵车速计算拥堵时间(t_{extra})。

根据速度-交通量模型,单车单位里程耗费的额外时间 t[单位:h/(辆·km)]为:

$$t=\left(\frac{1}{v_c}-\frac{1}{v_0}\right) \tag{2-17}$$

式中:v_c——拥堵时的平均车速;

v_0——不拥堵时的平均车速。

有了单车单位里程耗费的额外时间 t,再结合拥堵区域行驶车辆数和单车在区域内拥堵状态年行驶的里程总数,则一年内全部车辆全部里程交通拥堵发生的额外时间,计算公式为:

$$T_{extra}=\sum 行驶量\times\left(\frac{1}{v_{ci}}-\frac{1}{v_{0i}}\right)\times 365 \tag{2-18}$$

$$行驶量 = 交通量\times 车辆行驶总里程$$

式中：　交通量——发生交通拥堵的车辆数(辆/日);

车辆行驶总里程——拥堵公路总里程(km)。

根据统计资料,2015 年北京高速公路观测里程 414km,平均日交通量 68368 辆/天,按 2015 年北京市高速公路总里程 982km 换算,可得到行驶量为 6714 万车·km/天。需要说明的是,此行驶量对应所有道路通行车辆折合成标准小客车当量数,包括营运车辆(客货车)和非营运车辆。

结合测算的拥堵速度,运用公式(2-18)计算北京 2015 年高速公路拥堵时间为:

$$\begin{aligned}T_{extra}&=\sum 行驶量\times\left(\frac{1}{v_{ci}}-\frac{1}{v_{0i}}\right)\times 365\\&=4378\times\left(\frac{1}{31.6}-\frac{1}{70.5}\right)\times 365\\&=42789(万\ h)\end{aligned}$$

三、拥堵额外时间价值计算

在总的拥堵时间 42789 万 h 中,既包括了闲暇时间,也包括了工作时间,既包括了客运也包括了货运,既包括营运车辆也包括非营运车辆。为简化计算,暂统一按工作时间价值;但客运和货运时间价值当量不同,营运和非营运车辆不通,有必要分开计算。

1. 拥堵时间分配

据统计资料,2015 年北京汽车保有量为 561 万辆,营运性载客汽车 66136 辆,营运性载货汽车 184700 辆;另外,根据北京营运车辆构成,可近似取值营运性载客汽车整体换算当量小客车折算系数为 1.1,营运性载货汽车整体换算当量小客车折算系数为 1.8;假设在高速公路拥堵的车辆中,非营运性车辆、营运客车和营运货车的比例与整体汽车保有量构成结构一致。根据上述分析,非营运性汽车、营运性载客汽车、营运性载货汽车在拥堵时间中,所占比为:93.0%:1.3%:5.7%。

2. 拥堵时间价值确定

(1)非营运车辆拥堵时间价值

非营运车辆主要是私家小汽车,拥堵的时间价值主要为小汽车驾驶员及同行人员,简化统一按一车 2 人计算。非营运车辆时间价值,据统计数据 2015 年北京地区人均生产总值为

106497 万元，则：

$$\begin{aligned}\text{单位非营运车辆时间价值} &= \text{人的单位时间价值} \times 2\text{人}\\ &= 106497\text{元} \div [365\text{天} \times 24\text{h}/(\text{天}\cdot\text{人})] \times 2\text{人}\\ &= 24.3(\text{元/h})\end{aligned}$$

(2)营运客车拥堵时间价值

营运客车拥堵的时间价值主要为所载乘客由于拥堵时间价值的损失，客运车按约 30 座客车计算。营运客车时间价值，据统计数据 2015 年北京地区人均生产总值为 106497 元。则：

$$\begin{aligned}\text{单位当量客车时间价值} &= \text{人的单位时间价值} \times 30\text{人}\\ &= 106497\text{元} \div [365\text{天} \times 24\text{h}/(\text{天}\cdot\text{人})] \times 30\text{人}\\ &= 364.7(\text{元/h})\end{aligned}$$

(3)营运货车拥堵时间价值

营运货车拥堵的时间价值主要包括两个部分：一是货运驾驶员的时间价值，二是因运输延误导致的生产延误的时间价值。

$$\text{单位当量货车总时间价值} = \text{货运驾驶员时间价值} + \text{货运生产延误时间价值}$$

驾驶员的时间价值按每辆货车平均 2 个人计算。货运生产延误时间价值[元/(h·t)]可以根据以下公式计算：

$$\text{单位货运时间价值} = \frac{\text{北京地区生产总值}}{365 \times 24 \times \text{北京车辆总吨位} \times \text{实载率}} \times \text{标准货车载重吨}$$

标准货车实载率按 70% 计算，标准载重平均按 4t 计算。根据统计资料，2015 年北京地区生产总值为 22968.6 亿元，载货车辆总吨位为 950308t。把数据带入，得：

$$\begin{aligned}&106497\text{元} \div [365\text{天} \times 24\text{h}/(\text{天}\cdot\text{人})] \times 2\text{人} + 22968.6\text{亿元} \div\\ &(365\text{天} \times 24\text{h/天} \times 950308\text{t} \times 70\%) \times (4\text{t} \times 70\%)\\ =\ &24.3 + 1103.6 = 1128(\text{元/h})\end{aligned}$$

3. 拥堵额外时间成本

$$\begin{aligned}\text{交通拥堵额外时间成本} &= \text{额外时间} \times \text{单位当量客货车单位时间价值}\\ &= (42789 \times 93\%) \times 24.3 + (42789 \times 1.3\%) \times 364.7 +\\ &\quad (42789 \times 5.7\%) \times 1128\\ &= 392(\text{亿元})\end{aligned}$$

即 2015 年北京高速公路交通拥堵损失估算为 392 亿元。

需要说明的是，北京交通的拥堵造成的时间价值的损失更多体现在城市道路交通上。这里只是根据相关统计数据，结合本书提到的测算方法对北京市区域内的高速公路拥堵成本(含非营运私家车)进行了粗略的估算。

第三章　交通事故外部成本

交通事故不仅危及生命，使国家和人民的财产遭受重大损失，而且还破坏交通运输的连续性，已经成为不容忽视的社会问题。如何识别交通事故、估算事故成本、提出内部化策略，以尽可能降低交通事故外部成本，已经成为实现交通可持续发展的一个迫切任务。

第一节　交通事故及外部成本内涵

一、交通事故

交通事故一般是指在人或物的运输过程中，因为意料不到的、有害的或危险事件，导致发生的人员伤亡和财物损毁事件。这些有害的或危险的事件妨碍着交通行为的完成，其原因常常是不安全的行动或不安全的因素，或者是两者的结合。据有关统计，全世界每年死于道路交通事故的人数已经由20世纪70年代的30万增加到80年代的120万[1]，而在各种交通事故死亡人数中，道路交通事故占93%，铁路占2%，航空占2%，水运占3%。为此，世界各国都把应对交通事故视作"永无休止的交通战争"。

专栏3-1　世界道路交通事故受害者纪念日

2005年10月，联合国大会通过了一项决议(第60/5号决议)，呼吁各国政府将每年11月第三个星期日作为世界道路交通事故受害者纪念日，以此作为一种手段，缅怀道路交通事故受害者，并关注受害者亲属所处的困境。

全世界每天有3000多人死于交通事故，10万人因交通事故受伤。人们为此付出的代价——人员损失、精神创伤和医疗耗费，无法计量。公众已经给予其他灾难的受害者以关注，而交通事故的受害者却急需这样的关注——纪念日因此应运而生。纪念日也是对参与事后处理工作的人员表达感谢，这些人员包括消防员、警察、救护员、医生、护士和律师等。

世界卫生组织和联合国道路安全协作机制鼓励世界各国政府和非政府组织纪念这个日子，借此提醒公众关注道路交通事故、事故的后果和代价，以及关注为预防这类事故能够采取的措施。

专栏3-2　中国关于交通事故界定

《中华人民共和国道路交通安全法》将道路交通事故定义为：车辆在道路上因过错或者意外造成的人身伤亡或者财产损失的事件。即构成道路交通事故应具备7个缺一不可的要素：①在道路上；②车辆；③在运动中；④发生事态；⑤违章；⑥过失；⑦有后果。因此，

[1]来源：世界卫生组织，世界银行，《世界预防道路交通伤害报告》

这7种要素可以作为鉴别道路事故的必要条件和依据。

水上交通事故指船舶、浮动设施在海洋、沿海水域和内河通航水域发生的交通事故。《水上交通事故统计办法》(2014)规定船舶发生下列事故,都属于水上交通事故统计范围:①碰撞事故;②搁浅事故;③触礁事故;④触碰事故;⑤浪损事故;⑥火灾、爆炸事故;⑦风灾事故;⑧自沉事故;⑨操作性污染事故;⑩其他引起人员伤亡、直接经济损失或者水域环境污染的水上交通事故。

二、交通事故损失构成

交通事故损失的构成包括事故现场的财产损失、生命损失、社会行政成本、医疗成本、生产力损失和精神损失(为减轻由交通事故所引发的痛苦或精神损伤的货币估值)。根据事故损失的核算方式、承担方和主体不同,其构成可有不同的分类方式。

(1)按直接损失和间接损失划分

①直接损失。有事故后果所产生的物质损失和必要的服务所产生的费用,包括:财产损失、急救和交通紧急服务费用、医疗费用(急诊、住院、护理、疗养等)、法律诉讼与裁决费用。

②间接损失。包含事故所涉及的人和社会所体验到的不可弥补的损失,这些损失包括生活中不可见的部分(如痛苦和承受)、可见的部分(如服务机构所完成的行政工作,或者由于事故发生后,个人不能生产产品或提供服务的损失)。

美国联邦公路局(The Federal Highway Administration,简称FHWA)提出的间接损失包括4部分:社会机构所支出的费用、人力资本损失、社会性和心理性的损失以及生命和安全的价值损失。

(2)依据事故损失的来源进行划分

根据事故损失来源可将外部成本分为:当事人的直接损失、警察和法院等社会公共支出的费用、因交通事故阻塞等造成的第三者损失等。当事人的直接损失包括:收入损失(因死亡、致残及治疗中的停工所造成的损失)、医疗费用、物损(车辆、货物、房屋、衣服等)和律师辩护费用;社会公共支出的费用包括:警察及道路管理者处理事故的费用、道路设施的修复费用等、消防及急救服务费用等、法庭裁决费用、保险业务费用;第三者的损失包括:因交通事故阻塞使第三者造成的时间及燃料的损失、第三者看望病人花费时间和交通费用。

(3)依据资源的损失费用和恢复费用来划分

由于交通事故导致损失,一方面,因事故导致的人力或物力资源遭到破坏或损失(资源损失);另一方面,为了使遭到破坏的资源尽可能地恢复原状,必须使用的人力和物力资源,即生产恢复性费用,包括直接恢复性费用、间接恢复性费用。

综上所述,从外部性研究的角度概括起来看,可将交通事故造成的损失分为:财产直接损失、人员伤亡直接损失(包括伤亡者社会劳动价值损失、死亡者亲属精神损失、医疗费用和丧葬费等)、社会服务机构(医疗看护、法院、交警等)消耗损失。

①财产直接损失。是指事故现场造成的车辆财物损失,包括事故造成的运输工具损毁、运输货物毁损和交通设施破坏等直接经济损失。

②人员伤亡劳动价值损失。是指交通事故中伤亡人员由于伤亡而不能在有劳动能力的时间内再为社会创造劳动价值的损失。

③精神损失。是指交通事故发生后，不仅会使事故受害者遭受社会劳动价值损失，还会引起伤亡者家属的悲伤等情绪，造成精神损失。

④社会服务机构损失。是指交通事故发生后，包括急救中心、交通部门、消防机构、保险公司、公检法机关等，所有处理交通事故的社会服务机构所耗费的人力、物力和财力。

三、社会总成本与私人成本

交通事故外部成本指交通运输过程中产生的没被其个人负担的那部分社会成本，结果导致社会福利的损失，因此交通运输外部成本既与交通事故等级有关，也与投保的保险体系相关。根据本书前面对外部成本的定义，这里将交通事故的外部成本（EC）定义为交通事故造成的社会总成本（TC）扣除交通事故的私人成本（PC）之后的损失部分。社会总成本由财产直接损失（AL）和人员伤亡劳动价值损失（LL）之和构成。其中，财产直接损失可以采用统计数据获得，人员伤亡劳动价值损失可由总产量法获取；私人成本，即事故相关方直接承担的损失部分，包括生命损失、精神损失、事故善后社会服务机构支出等通过保险等手段已实现内部化的部分，可由法院裁决法计算获得。综上，交通事故的外部成本可用公式（3-1）表示。

$$EC = PL + LL - PC \tag{3-1}$$

式中：EC——交通事故的外部成本；

PL——财产直接损失；

LL——人员伤亡劳动价值损失；

PC——交通事故的私人成本。

四、主要影响因素

公路运输外部成本的主要影响因素有：车辆行驶里程、车速、公路种类、驾驶者个人特质（如驾驶行为、经验、速度）、交通流动速度和容量、白昼的长短和与之相关的天气状况。除此之外，基础设施的维修保养水平、利用程度和车道之间的间隔长短，连同汽车装备（主动和被动的安全措施）和基础设施建设（例如交通管制）技术的发展进步一起，也对公路运输的外部成本产生重要影响。

铁路运输外部成本的主要影响因素有：交通运输、天气情况、维修保养水平和系统间的分离程度，尤其是公路和铁路之间以及不同类型的火车之间。

对于航空运输来说，航空器的维修保养程度、监控系统、天气情况和飞行员的教育和训练水平是影响外部成本的一些关键因素。

第二节　估算思路与方法

交通运输事故外部成本测算，主要是将交通运输事故的负外部性进行货币化，或估算在国民经济中所占的比重。这里主要介绍，核算生命价值损失的总产量法，核算私人成本的法院裁决法。

一、生命价值损失

生命价值损失反映的是事故伤亡者从出事到未来期望寿命时间段内对社会贡献的损失，一般可采用总产量法核算。具体来说，测算伤亡人员生命价值损失（LL）有三个要素：伤亡的人数（QC）、损失的劳动年限（LT）、死亡时人均年产值（PV）。测算死亡人员劳动价值损失可用公式(3-2)表示。

$$LL = \sum_{i=1}^{n} QC_i \times LT_i \times PV \tag{3-2}$$

式中:LL——伤亡人员生命价值;

QC_i——第 i 年龄段伤亡人数;

LT_i——第 i 年龄段伤亡人员损失的劳动年限;

PV——测算年人均国内生产总值;

i——伤亡人员年龄段划分阶段数。

①伤亡人员损失劳动年限。一个伤亡人员损失的劳动年限和他的当前年龄、受伤程度和期望寿命值有关。

②人均年产值。伤亡人员人均年产值采用就业人员人均 GDP 衡量。

受伤人员的损失差别很大,但目前我国既有交通事故统计中无具体轻伤、中伤、重伤等伤残情况细分结构数据。根据有关研究成果,受伤人员的损失大致约为人员死亡损失的 1% ~3%[1],本书平均按人员死亡损失的 2% 计算。

二、私人成本

通过法院裁决由交通事故犯罪方或者过失方所应支付给受害方的经济成本,代表着交通事故参与者的私人成本。在我国,最高人民法院《关于审理人身损害赔偿案件适用法律若干问题的解释》(2003)给出了事故伤亡相应的赔偿标准。据此,构建道路事故伤亡私人成本核算模型如公式(3-3)所示。

$$PC = \begin{cases} 20 \times PCI \times \beta & (PA \leqslant 60) \\ (80 - PA) \times PCI \times \beta & (60 < PA < 75) \\ 5 \times PCI \times \beta & (PA \geqslant 75) \end{cases} \tag{3-3}$$

式中:PC——道路伤亡私人成本;

PCI——城镇居民人均收入($PCDI$)或农村居民人均收入($PCAI$),按照受诉法院所在地;

PA——伤亡人员年龄;

β——死亡或伤残赔偿系数,死亡取 1,伤残共分为 1 ~10 共 10 个等级,对应赔偿系数为 1 ~0.1。

第三节　参数选取与结果

一、伤亡人数取值

对伤亡人数的统计,DELFT 认为官方统计数据并没有反映真实情况,在欧盟有些国家的数据是可用的,然而在有些国家的数据是通过相当落后的估算方法获得的。为此,根据 HEATCO(2005)研究建议,在欧盟采用伤亡统计数据时,需要采用矫正系数进行校正(表 3-1)。

[1]交通运输部科学研究院,外部成本测算研究,2009 年

对欧洲未报道事故的矫正系数的建议　　表3-1

交通类型	死亡	重伤	轻伤	平均伤害值	只有(物品)伤损
汽车	1.02	1.25	2.00	1.63	3.50
摩托车/机动脚踏两用车	1.02	1.55	3.20	2.38	6.50
自行车	1.02	2.75	8.00	5.38	18.50
行人	1.02	1.35	2.40	1.88	4.50
平均数	1.02	1.50	3.00	2.25	6.00

注:数据来源于HEATC,2005。

二、统计生命价值

GRACE(2006a)讨论了不同方法在评估统计生命价值(*VSL*)时的差别。就世界范围内的研究来看,提出的统计生命价值(*VSL*)取值范围基本在20万~3000万美元之间(De Blaeij,2003)。HEATCO(2005)对欧洲的情况作了一个调查,按照人均国内生产总值(GDP/Capita)和购买力标准(*PPS*),伤亡生命价值估算结果如图3-1所示。

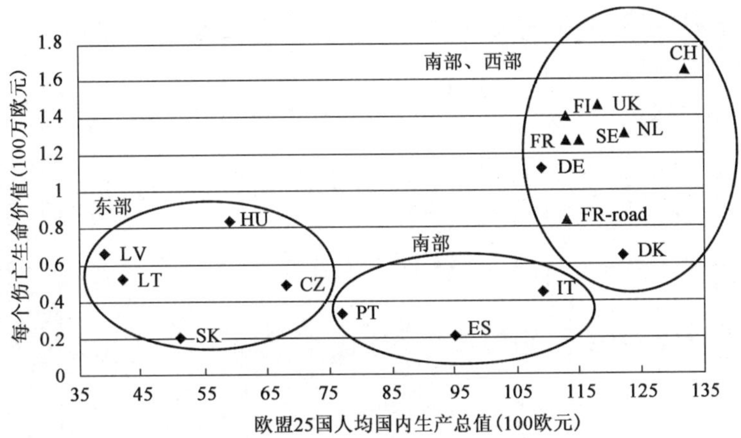

图3-1　伤亡生命价值评估值

注:CH-瑞士;CZ-捷克;DE-德国;DK-丹麦;ES-西班牙;FI-芬兰;FR-法国;HU-匈牙利;IT-意大利;LT-立陶宛;LV-拉脱维亚;NL-荷兰;PT-葡萄牙;SE-瑞典;SK-斯洛伐克;UK-英国;用2002年的欧元价值作为计量单位。

为了解决不同国家之间估值差别巨大的问题,需要在欧盟范围内广泛研究的基础上提出一套统一的标准方法。根据对不同外部成本的估算研究(UNITE,INFRAS/IWW),鉴于在欧盟大部分统计数据落在100万~300万欧元之间,为此推荐采用平均值,即每个死亡人员劳动力价值损失为150万欧元,并且由于它是根据人均国内生产总值(GDP/capita)进行过调整的,可以认为比较符合实际,适用于不同的欧盟国家。进而,根据统计,可以得到严重受伤人员的生命价值损失(占统计生命值的13%)和轻微受伤的生命价值损失(占统计生命值的1%)。

除了生命价值损失,相关的直接和间接经济成本(医疗成本、净生产损失、管理成本)也应该被考虑,HEATCO (2006a)用表3-2展示了欧盟27个国家的直接和间接经济成本和风险值。

三、交通事故边际外部成本

公路运输。UNITE和GRACE是欧洲做的关于道路运输事故外部成本两个最重要的研究,提供了不同的路网类型(高速公路、城市道路、其他道路)和车辆类型下的外部成本估算值,不同国家的道路交通边际事故成本如表3-3所示。

表 3-2

交通事故伤亡价值估算(欧元)

国家	生命价值损失			直接和间接经济成本			总　数		
	死亡	严重受伤	轻微受伤	死亡	严重受伤	轻微受伤	死亡	严重受伤	轻微受伤
奥地利	1600000	208000	16000	160000	32300	3000	1760000	240300	19000
比利时	1490000	194000	14900	149000	55000	1100	1639000	249000	16000
塞浦路斯	640000	83000	6400	64000	9900	400	704000	92900	6800
捷克	450000	59000	4500	45000	8100	300	495000	67100	4800
丹麦	2000000	260000	20000	200000	12300	1300	2200000	272300	21300
爱沙尼亚	320000	41000	3200	32000	5500	200	352000	46500	3400
芬兰	1580000	205000	15800	158000	25600	1500	1738000	230600	17300
法国	1470000	191000	14700	147000	34800	2300	1617000	225800	17000
德国	1510000	196000	15100	151000	33400	3500	1661000	229400	18600
希腊	760000	99000	7600	76000	10500	800	836000	109500	8400
匈牙利	400000	52000	4000	40000	7000	300	440000	59000	4300
爱尔兰	1940000	252000	19400	194000	18100	1300	2134000	270100	20700
意大利	1300000	169000	13000	130000	14700	1100	1430000	183700	14100
拉脱维亚	250000	32000	2500	25000	4700	200	275000	36700	2700
立陶宛	250000	33000	2500	25000	5000	200	275000	38000	2700
卢森堡	2120000	276000	21200	212000	87700	700	2332000	363700	21900
马耳他	910000	119000	9100	91000	8800	400	1001000	127800	9500
荷兰	1620000	211000	16200	162000	25600	2800	1782000	236600	19000
挪威	2630000	342000	26300	263000	64000	2800	2893000	406000	29100
波兰	310000	41000	3100	31000	5500	200	341000	46500	3300
葡萄牙	730000	95000	7300	73000	12400	100	803000	107400	7400
斯洛伐克	280000	36000	2800	28000	6100	200	308000	42100	3000
斯洛文尼亚	690000	90000	6900	69000	9000	400	759000	99000	7300
西班牙	1020000	132000	10200	102000	6900	300	1122000	138900	10500
瑞典	1700000	220000	17000	170000	53300	2700	1870000	273300	19700
瑞士	2340000	305000	23400	234000	48800	3700	2574000	353800	27100
英国	1650000	215000	16500	165000	20100	2100	1815000	235100	18600

注:1. 生命价值损失以 UNITE（Nellthorp 等,2001）为基础,生命价值按 150 万欧元(1998)计算;严重/轻微受伤分别按生命价值的 0.13/0.01 计算。
2. 数据来源于 HEATCO,2006a。
3. 用 2002 年的欧元价值作为计量单位。

表 3-3

小客车、摩托车和重型车辆在不同路网类型的事故边际成本[欧元/(车·km)]

国家	小客车			摩托车			重型货车		
	城市道路	高速公路	其他道路	城市道路	高速公路	其他道路	城市道路	高速公路	其他道路
奥地利	5.7 (−0.41 ~ 8.95)	0.41 (−0.68 ~ 0.68)	2.17 (−2.58 ~ 3.53)	41.92 (−2.58 ~ 119.64)	0.27 (−0.81 ~ 0.81)	7.46 (−15.06 ~ 21.16)	14.51 (−0.54 ~ 19.26)	0.41 (−0.41 ~ 0.41)	3.66 (−3.53 ~ 4.88)
比利时	6.58 (−0.47 ~ 10.35)	0.47 (−0.78 ~ 0.78)	2.51 (−2.98 ~ 4.08)	48.43 (−2.98 ~ 138.25)	0.31 (−0.94 ~ 0.94)	8.62 (−17.4 ~ 24.45)	16.77 (−0.63 ~ 22.26)	0.47 (−0.47 ~ 0.47)	4.23 (−4.08 ~ 5.64)
保加利亚	1.24 (−0.09 ~ 1.95)	0.09 (−0.15 ~ 0.15)	0.47 (−0.56 ~ 0.77)	9.11 (−0.56 ~ 26.01)	0.06 (−0.18 ~ 0.18)	1.62 (−3.27 ~ 4.6)	3.16 (−0.12 ~ 4.19)	0.09 (−0.09 ~ 0.09)	0.8 (−0.77 ~ 1.06)
瑞士	4.36 (−0.31 ~ 6.85)	0.31 (−0.52 ~ 0.52)	1.66 (−1.97 ~ 2.7)	32.05 (−1.97 ~ 91.48)	0.21 (−0.62 ~ 0.62)	5.7 (−11.51 ~ 16.18)	11.1 (−0.41 ~ 14.73)	0.31 (−0.31 ~ 0.31)	2.8 (−2.7 ~ 3.73)
塞浦路斯	5.08 (−0.36 ~ 7.98)	0.36 (−0.6 ~ 0.6)	1.93 (−2.3 ~ 3.14)	37.35 (−2.3 ~ 106.62)	0.24 (−0.73 ~ 0.73)	6.65 (−13.42 ~ 18.86)	12.93 (−0.48 ~ 17.17)	0.36 (−0.36 ~ 0.36)	3.26 (−3.14 ~ 4.35)
捷克	3.33 (−0.24 ~ 5.23)	0.24 (−0.4 ~ 0.4)	1.27 (−1.51 ~ 2.06)	24.5 (−1.51 ~ 69.94)	0.16 (−0.48 ~ 0.48)	4.36 (−8.8 ~ 12.37)	8.48 (−0.32 ~ 11.26)	0.24 (−0.24 ~ 0.24)	2.14 (−2.06 ~ 2.85)
德国	4.12 (−0.29 ~ 6.47)	0.29 (−0.49 ~ 0.49)	1.57 (−1.86 ~ 2.55)	30.29 (−1.86 ~ 86.45)	0.2 (−0.59 ~ 0.59)	5.39 (−10.88 ~ 15.29)	10.49 (−0.39 ~ 13.92)	0.29 (−0.29 ~ 0.29)	2.65 (−2.55 ~ 3.53)
丹麦	4.44 (−0.32 ~ 6.97)	0.32 (−0.53 ~ 0.53)	1.69 (−2.01 ~ 2.75)	32.65 (−2.01 ~ 93.21)	0.21 (−0.63 ~ 0.63)	5.81 (−11.73 ~ 16.49)	11.31 (−0.42 ~ 15.01)	0.32 (−0.32 ~ 0.32)	2.85 (−2.75 ~ 3.8)
爱沙尼亚	3.24 (−0.23 ~ 5.09)	0.23 (−0.39 ~ 0.39)	1.23 (−1.47 ~ 2.01)	23.84 (−1.47 ~ 68.05)	0.15 (−0.46 ~ 0.46)	4.24 (−8.56 ~ 12.04)	8.26 (−0.31 ~ 10.96)	0.23 (−0.23 ~ 0.23)	2.08 (−2.01 ~ 2.78)
西班牙	5.24 (−0.37 ~ 8.24)	0.37 (−0.62 ~ 0.62)	2 (−2.37 ~ 3.25)	38.57 (−2.37 ~ 110.08)	0.25 (−0.75 ~ 0.75)	6.86 (−13.85 ~ 19.47)	13.35 (−0.5 ~ 17.72)	0.37 (−0.37 ~ 0.37)	3.37 (−3.25 ~ 4.49)
芬兰	3.43 (−0.25 ~ 5.4)	0.25 (−0.41 ~ 0.41)	1.31 (−1.55 ~ 2.13)	25.27 (−1.55 ~ 72.12)	0.16 (−0.49 ~ 0.49)	4.5 (−9.08 ~ 12.76)	8.75 (−0.33 ~ 11.61)	0.25 (−0.25 ~ 0.25)	2.21 (−2.13 ~ 2.94)
法国	6.69 (−0.48 ~ 10.52)	0.48 (−0.8 ~ 0.8)	2.55 (−3.03 ~ 4.14)	49.25 (−3.03 ~ 140.56)	0.32 (−0.96 ~ 0.96)	8.77 (−17.69 ~ 24.86)	17.05 (−0.64 ~ 22.63)	0.48 (−0.48 ~ 0.48)	4.3 (−4.14 ~ 5.74)
希腊	5.29 (−0.38 ~ 8.32)	0.38 (−0.63 ~ 0.63)	2.02 (−2.39 ~ 3.28)	38.94 (−2.39 ~ 111.14)	0.25 (−0.76 ~ 0.76)	6.93 (−13.99 ~ 19.66)	13.48 (−0.5 ~ 17.89)	0.38 (−0.38 ~ 0.38)	3.4 (−3.28 ~ 4.54)
匈牙利	2.78 (−0.2 ~ 4.37)	0.2 (−0.33 ~ 0.33)	1.06 (−1.26 ~ 1.72)	20.44 (−1.26 ~ 58.36)	0.13 (−0.4 ~ 0.4)	3.64 (−7.34 ~ 10.32)	7.08 (−0.26 ~ 9.4)	0.2 (−0.2 ~ 0.2)	1.79 (−1.72 ~ 2.38)
爱尔兰	6.2 (−0.44 ~ 9.74)	0.44 (−0.74 ~ 0.74)	2.36 (−2.8 ~ 3.84)	45.59 (−2.8 ~ 130.12)	0.3 (−0.89 ~ 0.89)	8.11 (−16.38 ~ 23.01)	15.79 (−0.59 ~ 20.95)	0.44 (−0.44 ~ 0.44)	3.98 (−3.84 ~ 5.31)

续上表

国家	小客车			摩托车			重型货车		
	城市道路	高速公路	其他道路	城市道路	高速公路	其他道路	城市道路	高速公路	其他道路
意大利	4.78 (−0.34~7.51)	0.34 (−0.57~0.57)	1.82 (−2.16~2.96)	35.17 (−2.16~100.39)	0.23 (−0.68~0.68)	6.26 (−12.63~17.76)	12.18 (−0.46~16.16)	0.34 (−0.34~0.34)	3.07 (−2.96~4.1)
立陶宛	3.45 (−0.25~5.43)	0.25 (−0.41~0.41)	1.32 (−1.56~2.14)	25.4 (−1.56~72.51)	0.16 (−0.49~0.49)	4.52 (−9.13~12.83)	8.8 (−0.33~11.67)	0.25 (−0.25~0.25)	2.22 (−2.14~2.96)
卢森堡	10.81 (−0.77~16.99)	0.77 (−1.29~1.29)	4.12 (−4.89~6.69)	79.54 (−4.89~227.05)	0.51 (−1.54~1.54)	14.16 (−28.57~40.16)	27.54 (−1.03~36.55)	0.77 (−0.77~0.77)	6.95 (−6.69~9.27)
拉脱维亚	3.49 (−0.25~5.49)	0.25 (−0.42~0.42)	1.33 (−1.58~2.16)	25.69 (−1.58~73.33)	0.17 (−0.5~0.5)	4.57 (−9.23~12.97)	8.9 (−0.33~11.81)	0.25 (−0.25~0.25)	2.24 (−2.16~2.99)
马耳他	1.28 (−0.09~2.01)	0.09 (−0.15~0.15)	0.49 (−0.58~0.79)	9.4 (−0.58~26.84)	0.06 (−0.18~0.18)	1.67 (−3.38~4.75)	3.26 (−0.12~4.32)	0.09 (−0.09~0.09)	0.82 (−0.79~1.1)
荷兰	3.2 (−0.23~5.03)	0.23 (−0.38~0.38)	1.22 (−1.45~1.98)	23.56 (−1.45~67.25)	0.15 (−0.46~0.46)	4.19 (−8.46~11.89)	8.16 (−0.3~10.83)	0.23 (−0.23~0.23)	2.06 (−1.98~2.74)
挪威	3.92 (−0.28~6.16)	0.28 (−0.47~0.47)	1.49 (−1.77~2.43)	28.85 (−1.77~82.34)	0.19 (−0.56~0.56)	5.13 (−10.36~14.56)	9.99 (−0.37~13.26)	0.28 (−0.28~0.28)	2.52 (−2.43~3.36)
波兰	3.25 (−0.23~5.1)	0.23 (−0.39~0.39)	1.24 (−1.47~2.01)	23.89 (−1.47~68.19)	0.15 (−0.46~0.46)	4.25 (−8.58~12.06)	8.27 (−0.31~10.98)	0.23 (−0.23~0.23)	2.09 (−2.01~2.78)
葡萄牙	6.35 (−0.45~9.98)	0.45 (−0.76~0.76)	2.42 (−2.87~3.93)	46.73 (−2.87~133.4)	0.3 (−0.91~0.91)	8.32 (−16.79~23.59)	16.18 (−0.6~21.48)	0.45 (−0.45~0.45)	4.08 (−3.93~5.44)
罗马尼亚	1.14 (−0.08~1.8)	0.08 (−0.14~0.14)	0.44 (−0.52~0.71)	8.41 (−0.52~24.01)	0.05 (−0.16~0.16)	1.5 (−3.02~4.25)	2.91 (−0.11~3.87)	0.08 (−0.08~0.08)	0.74 (−0.71~0.98)
瑞典	2.68 (−0.19~4.21)	0.19 (−0.32~0.32)	1.02 (−1.21~1.66)	19.72 (−1.21~56.28)	0.13 (−0.38~0.38)	3.51 (−7.08~9.95)	6.83 (−0.26~9.06)	0.19 (−0.19~0.19)	1.72 (−1.66~2.3)
斯洛文尼亚	4.45 (−0.32~6.99)	0.32 (−0.53~0.53)	1.69 (−2.01~2.75)	32.73 (−2.01~93.42)	0.21 (−0.64~0.64)	5.83 (−11.76~16.52)	11.33 (−0.42~15.04)	0.32 (−0.32~0.32)	2.86 (−2.75~3.81)
斯洛伐克	2.61 (−0.19~4.1)	0.19 (−0.31~0.31)	0.99 (−1.18~1.61)	19.19 (−1.18~54.78)	0.12 (−0.37~0.37)	3.42 (−6.89~9.69)	6.65 (−0.25~8.82)	0.19 (−0.19~0.19)	1.68 (−1.61~2.24)
英国	2.61 (−0.19~4.1)	0.19 (−0.31~0.31)	0.99 (−1.18~1.61)	19.19 (−1.18~54.77)	0.12 (−0.37~0.37)	3.42 (−6.89~9.69)	6.64 (−0.25~8.82)	0.19 (−0.19~0.19)	1.68 (−1.61~2.24)

注:用2002年的欧元价值作为计量单位。

铁路运输。铁路运输的边际(或平均)成本研究为数不多。在 INFRAS/IWW(2004a)中的铁路运输平均外部事故成本是以最新的 UIC 事故统计资料为基础计算的。UNITE(2002d)中的瑞士案例研究同样为铁路运输提供了平均外部事故成本值,欧洲的铁路运输事故平均外部成本为 0.08 ~0.30 欧元/(火车·km)。

航空运输。INFRAS/IWW(2004a)中提供的关于航空运输的平均成本可作为研究参考。从欧元/(飞机·km)可以转换成欧元/起降,每飞机·km 运输成本平均值可以从 TRENDS Datebase 获得,而每架次起降的运输成本可以从 ICAO 数据中获得,具体各国取值范围从 12 ~309 欧元/起降不等。

第四节　估算应用案例分析

这里根据上述方法,结合我国统计数据和国情实际,对 2011—2015 年中国道路交通事故的外部成本,进行测算分析。

一、事故伤亡结构

当前,在中国现有相关统计资料中,不提供历年道路交通事故死亡人员的年龄结构。为此,这里假设道路交通事故伤亡人员的年龄分布与全国人口年龄分布相同,则可根据统计年鉴中抽样调查全国人口分年龄段比例和道路交通事故伤亡人数,近似推算出道路交通事故各年龄段伤亡人数,结果见表 3-4。

2011—2015 年度全国道路交通事故分年龄段伤亡人数估算(人)　　表 3-4

年龄段(岁)	2011 年		2012 年		2013 年		2014 年		2015 年	
	死亡数	受伤数	死亡数	受伤数	死亡数	受伤数	死亡数	受伤数	死亡数	受伤数
0 ~4	3532	13440	3413	12762	3323	12132	3331	12058	3386	11663
5 ~9	3338	12704	3271	12229	3268	11933	3286	11897	3198	11017
10 ~14	3404	12953	3193	11937	3013	11000	3034	10984	3004	10350
15 ~19	4379	16666	3943	14743	3597	13131	3369	12196	3173	10931
20 ~24	5914	22508	5428	20294	5098	18614	4725	17108	4233	14582
25 ~29	4863	18505	4798	17939	4875	17798	5145	18626	5424	18685
30 ~34	4475	17031	4459	16672	4327	15799	4296	15555	4283	14753
35 ~39	5279	20088	4751	17763	4414	16116	4257	15413	4104	14139
40 ~44	5850	22264	5736	21449	5431	19830	5307	19213	4968	17116
45 ~49	5494	20909	5298	19809	5136	18752	5166	18702	5230	18017
50 ~54	3389	12896	3303	12350	3639	13287	4055	14681	4399	15154
55 ~59	3904	14858	3809	14242	3701	13514	3456	12514	3249	11192
60 ~64	2871	10927	2957	11056	3049	11132	3207	11609	3298	11362
65 ~69	1964	7475	2005	7496	2053	7494	2171	7860	2315	7976
70 ~74	1570	5976	1506	5630	1461	5332	1516	5490	1533	5281
75 ~79	1153	4390	1134	4239	1112	4061	1110	4019	1120	3857
80 ~84	652	2480	648	2423	668	2440	692	2504	689	2375

续上表

年龄段(岁)	2011 年		2012 年		2013 年		2014 年		2015 年	
	死亡数	受伤数	死亡数	受伤数	死亡数	受伤数	死亡数	受伤数	死亡数	受伤数
85 ~ 89	261	994	255	953	275	1004	292	1056	304	1048
90 ~ 94	78	298	77	287	82	298	91	331	92	317
≥95	16	60	15	56	16	58	18	65	19	65
合计	62387	237421	59997	224327	58539	213724	58523	211881	58022	199880

二、生命价值损失

一个伤亡人员生命价值损失与他的当前年龄、受伤程度、期望寿命值和年均劳动价值密切相关。这里,作如下假定:死亡人员年龄若小于 15 岁(义务教育年龄阶段)则认为无生产和社会经济创造能力,不计社会经济损失;死亡人员满 16 岁以后按完全劳动能力损失的时间计算其社会经济损失;60 岁以上(一般男性退休年龄)至期望寿命(期望寿命按 75 岁计算)期间具有部分劳动能力,按完全劳动能力的 30% 计算;75 岁以上,则近似认为不再生产和创造社会经济价值,不计社会经济损失。

(1)伤亡人员人均年产值

伤亡人员人均年产值采用就业人员人均 GDP 衡量。根据《中国统计年鉴》,2011—2015 年度我国道路交通事故伤亡人员的人均 GDP 如表 3-5 所示。

2011—2015 年度伤亡人员人均年生产总值 表 3-5

年度	GDP(亿元)	就业人员(万人)	伤亡人员人均 GDP[元/(年·人)]
2011	489301	76420	64028
2012	540367	76704	70448
2013	595244	76977	77328
2014	643974	77253	83359
2015	689052	77451	88966

(2)伤亡人员损失劳动时间

结合表 3-4 估算的伤亡人员年龄结构,估算年度道路交通事故伤亡人员损失的劳动年限如表 3-6 所示,其中在每个年龄段内取其平均值。

(3)人员伤亡生命价值损失核算

根据前述整理数据,有了伤亡的人数、死亡时人均 GDP、损失的劳动时间等数据,运用公式(3-2)即可得到伤亡人员损失的劳动价值,包括死亡人员损失劳动价值和受伤人员损失劳动价值两部分,如表 3-6 所示。

2011—2015 年道路交通事故伤亡人员损失劳动年限及劳动价值(亿元) 表 3-6

年龄段(岁)	损失劳动年限(年)	2011 年	2012 年	2013 年	2014 年	2015 年
0 ~ 14	0	0.00	0.00	0.00	0.00	0.00
15 ~ 19	47.5	143.32	141.81	141.75	143.04	143.33
20 ~ 24	42.5	173.19	174.66	179.79	179.52	171.08

续上表

年龄段(岁)	损失劳动年限(年)	2011年	2012年	2013年	2014年	2015年
25~29	37.5	125.64	136.23	151.68	172.47	193.42
30~34	32.5	100.21	109.73	116.69	124.82	132.36
35~39	27.5	100.02	98.92	100.72	104.66	107.33
40~44	22.5	90.70	97.73	101.40	106.74	106.31
45~49	17.5	66.25	70.20	74.58	80.81	87.04
50~54	12.5	29.19	31.26	37.75	45.31	52.29
55~59	7.5	20.18	21.63	23.03	23.17	23.17
60~64	3.9	7.72	8.73	9.87	11.18	12.23
65~69	2.4	3.25	3.64	4.09	4.66	5.28
70~74	0.9	0.97	1.03	1.09	1.22	1.31
≥75	0	0.00	0.00	0.00	0.00	0.00
合计		860.62	895.56	942.43	997.6	1035.2

三、私人成本测算

(1)城乡人口比例及人均收入

根据《中国统计年鉴》,可以获得GDP、城镇人口比重和农村人口比重、城镇居民人均可支配收入和农村居民人均可支配收入等统计数据,如表3-7所示,这些数据是测算道路交通事故私人成本的基础数据。

2011—2015年城镇居民人均收入和农村居民人均收入表　　表3-7

年度	GDP(亿元)	城镇人口比重(%)	农村人口比重(%)	城镇居民人均收入(元)	农村居民人均收入(元)	单位换算居民人均收入(元)
2011	489301	51.27	48.73	21810	6977	14582
2012	540367	52.57	47.43	24565	7917	14582
2013	595244	53.73	46.27	26467	9430	16669
2014	643974	54.77	45.23	28844	10489	16669
2015	689052	56.10	43.90	31195	11422	18584

(2)道路伤亡人数与核算年限

根据本章第二节所述方法,结合表3-4中数据进行整理,可以得到对应私人成本计算模型中每个年龄段的伤亡人数和具体核算年限,如表3-8所示。

2011—2015年私人成本核算各年龄段伤亡人数和核算年限(人)　　表3-8

年度	伤亡人数	0~59岁	60~64岁	65~69岁	70~74岁	75岁及以上
2011	死亡人数	53821	2871	1964	1570	2160
	受伤人数	204822	10927	7475	5976	8222
2012	死亡人数	51402	2957	2005	1506	2129
	受伤人数	192189	11056	7496	5630	7958

续上表

年度	伤亡人数	0～59岁	60～64岁	65～69岁	70～74岁	75岁及以上
2013	死亡人数	49822	3049	2053	1461	2153
	受伤人数	181906	11132	7494	5332	7861
2014	死亡人数	49426	3207	2171	1516	2203
	受伤人数	178947	11609	7860	5490	7976
2015	死亡人数	48652	3298	2315	1533	2224
	受伤人数	167600	11362	7976	5281	7662
核算年数(年)		20	18	13	8	5

(3)法院裁决法计算私人成本

根据表3-7和表3-8中的有关数据，运用公式(3-3)，可以得到2011—2015年道路交通事故的私人成本核算结果，如表3-9所示。

2011—2015年道路交通事故私人成本测算　　表3-9

年 度	交通事故私人成本(亿元)		
	死亡成本	受伤成本	伤亡成本合计
2011	171.63	359.24	530.87
2012	188.36	387.34	575.7
2013	204.51	410.68	615.19
2014	225.47	448.97	674.44
2015	244.48	463.22	707.7

其中，由于在我国道路交通事故统计中，无伤残等级统计数据，这里按0.1～1共分10个等级的平均值0.55计算。

四、外部成本测算

根据表3-6和表3-9测算数据，以及《中国统计年鉴》获得的道路事故直接经济损失数据，运用公式(3-1)可以得到我国道路交通事故外部成本如表3-10所示。

2011—2015年道路交通事故外部成本(亿元)　　表3-10

年度	社会总成本				私人成本	外部成本	外部成本占GDP比例(%)
	社会总成本	其中:人员伤亡劳动价值损失	其中:直接经济损失	占GDP比例(%)			
2011	871.41	860.62	10.79	0.18	530.87	340.54	0.07
2012	907.31	895.56	11.75	0.17	575.7	331.61	0.06
2013	952.82	942.43	10.39	0.16	615.19	337.63	0.06
2014	1008.35	997.6	10.75	0.16	674.44	333.91	0.05
2015	1045.57	1035.2	10.37	0.15	707.7	337.87	0.05

从测算结果可以看出：

一是，从道路事故社会总成本占 GDP 比重的变化趋势来看，整体呈现下降趋势，说明“十二五”以来，各有关部门通过切实强化道路交通管理，交通安全状况逐步得到改善，道路交通安全治理的成效较为显著。

二是，从 2011—2015 年道路事故外部成本测算结果来看，道路交通事故造成的社会成本还有约 35% 没有被事故相关方的私人承担，下一步应通过司法体系和保险体系来内部化这部分外部成本，让造成道路安全事故的主体承担更多由其造成的社会福利损失。

第四章　空气污染外部成本

交通运输是资源能源消耗的重要领域,交通基础设施建设要耗费大量的钢材、水泥等,运输工具的驱动离不开汽油、柴油等碳基能源,具有典型高碳产业的特点。在交通建设和运输中,会释放出大量的废气废物等,对人的健康、生态和生活环境造成影响,表现出很强的负外部性。描述这些负面影响,估算其造成的外部成本,对实施“环境税”或“污染税”等内部化政策具有重要意义。

第一节　空气污染及外部成本内涵

一、交通运输空气污染

空气污染是指分散在大气中的有害气体和颗粒物质远远超过正常含量,累积到超过空气自净化过程(稀释、沉降等作用)所能降低的程度,对人体、动物、植物及物体产生不良影响的空气状况。交通运输空气污染主要指交通运输工具在运输过程中,由于燃料不纯和燃料利用中不能完全氧化燃烧,向大气中排放烟、尘和有害气体等。排放的污染物种类及数量与载运工具的类型、燃料等密切相关,最主要的污染物有:

①悬浮颗粒物(PM):可吸入颗粒(PM10),可入肺颗粒(PM2.5);

②氮氧化合物:氮氧化物(NO_x),二氧化氮(NO_2);

③硫氧化物:二氧化硫(SO_2);

④臭氧(O_3);

⑤挥发性有机化合物(VOC)。

(1)公路交通空气污染

公路运输使用的能源类型包括汽油、柴油、电力、甲醇、乙醇、压缩天然气等,公路运输造成的污染物主要有:二氧化硫(SO_2)、NO_x、HC、PM、燃料不完全燃烧排放的颗粒物等。研究表明:在城市地区,公路运输所造成的排放物占PM浓度的70%;其排放的SO_x占城市空气中SO_x含量的23%;对二氧化氮含量所负的责任比率为75%;其排放物中所含的挥发性有机物(VOC)和二氧化氮(NO_2)对臭氧(O_3)的形成起着重要作用。此外,还有汽车运行产生的扬尘、路面沥青烟尘等。

(2)水路交通空气污染

船舶造成的空气污染,主要是指船舶在运输生产过程中,由于燃烧性排放和操作性排放,向周围大气环境排放了诸如挥发性有机物、氯氟烃、二氧化碳、氮氧化物、硫氧化物和烟尘等污染物,并最终造成对大气环境的物理或化学性污染。主要包括以下三个方面:

①燃料燃烧。排出CO、NO_x、SO_x等造成空气污染。

②船舶使用的制冷剂、灭火剂、洗涤剂、发泡剂(隔热材料)等,产生CFCs、卤烃(Halon)等,对大气中的臭氧层产生了严重的危害。

③液货中的烃类气化物或有害气体，扩散到大气中造成空气污染。

船舶排放废气中的氮或硫的氧化物等是形成酸雨的主要原因。其中，30% 的 NO_x 每年通过船舶排放到空气中，NO_x 有多种，有的会对臭氧层产生破坏，有的是强有力的温室气体，这些排放为全球变暖提供 20% 的驱动力。船舶燃烧重油排放的废气中含有大量的黑炭粉尘颗粒。据统计，每年全球远洋船舶排放 13.3 万 t 黑炭，而黑炭的排放业对气候变暖起着很大的作用。美国特拉华州大学和英国罗切斯特技术学院专家教授，经过 15 年对全球远洋运输船舶的废气排放的持续调查发现，以 SO_2 和硫酸盐等有害污染物质等为主的国际航运废气排放，与海域附近死于肺癌等绝症和因患上肺气肿等严重丧失劳动力疾病有着相当大的联系，而且每年病死和致病的人数正在继续增加。

(3) 铁路交通空气污染

铁路机车分蒸汽机车、内燃机车、电力机车，主要以煤炭、柴油、电力作为驱动能源，但从 20 世纪 90 年代，铁路加快了电气化和现代化建设，蒸汽机车被大面积淘汰，因此柴油和电力成为主要能源。目前，我国铁路运输污染排放主要是由内燃机车牵引排放所组成，包括 CO、HC、NO_x 以及烟尘等颗粒物。运输站段所用的锅炉、焚烧炉等排放的烟尘及不完全燃烧的产物都属于颗粒物的范围。

(4) 民航交通空气污染

民航飞机使用的燃料为航空煤油。其主要污染物为 CO、HC、NO_x 以及烟尘等颗粒物。对周边大气的影响，主要由地面滑行、低空飞行和降落过程中排出的废气造成，因此一般机场枢纽处颗粒物污染比较严重。

二、空气污染外部成本构成

生态环境是公共物品，空气污染具有很强的外部性，其中污染者所承担的成本远小于社会承担的成本。具体来说，交通运输空气污染成本主要指由机动车、船、飞机等运输工具尾气中的微粒物质(PM)、NO_x、SO_2、VOC 等排放引起的健康成本，建筑和器物损坏，植物和生态系统(生物圈，土壤，水)等破坏所造成的经济损失。根据外部成本定义，交通运输空气污染外部成本则为从交通运输空气污染总成本中扣除交通运输使用者因造成空气污染而支付费用的差额部分。目前，一些国家已开始实行生态环境税，如燃油税，主要是为应对高油价、节能、降耗减排、环保、养护交通等，通过汽油、柴油等燃油消耗量间接对汽车尾气的污染物排放征税。20 世纪 90 年代以来，也有一些国家(主要有瑞典、芬兰、荷兰、挪威、意大利、英国、新西兰、美国、加拿大等)同时新开征了“烟尘排放税”，该税种主要是针对二氧化碳及其他温室气体排放而征缴的一种“环境税”或“污染税”。

(1) 健康成本

健康成本是最重要的成本类型，主要是运输尾气排放的微粒物质引起的。有证据显示，人类暴露在污染空气中，即使是轻度的空气污染中，也会增加患慢性病的概率，如慢性支气管炎、哮喘和支气管癌等，这些疾病会造成呼吸系统功能的丧失甚至是死亡。如氮氧化物会危害呼吸系统、心血管系统、神经系统及消化系统的健康；某些挥发性有机物长期在人体内累积，会演变成为致癌物；直径 $0.5 \sim 5\mu m$ 的悬浮颗粒可以直接进入肺部造成肺部损害。对人体健康危害较大的污染物有：CO、SO_2、NO_x、HC、PM、O_3 等。

(2)器物破坏

空气污染物对建筑材料造成的破坏,主要有两方面:一方面,通过颗粒尘埃玷污性损害建筑物表面,这些尘、烟等粒子落在器物上有的可以清扫冲洗去掉,但有的却很难除去;另一方面,则是通过氮氧化物和二氧化硫等酸性空气污染物的化学腐蚀分解建筑表层与材料,造成更大的破坏。如涂料与 SO_2、H_2S 等接触,能化合成硫化铅,可使白铁皮屋顶变成黑屋顶,使油画等美术品失去艺术价值。光化学烟雾中的 O_3 能使一般橡胶制品迅速老化脆裂。

(3)植物破坏

空气污染能对植物外形和生长发育产生直接影响,如:使植物体表面产生伤斑、叶面枯萎脱落、叶片退绿、产量下降以及品质变坏等。此外,还会对植物有生长减弱、降低对病虫害的抵抗能力等间接影响。对植物生长危害较大的污染物主要有 SO_2、氟化物、NO_2 和 O_3 等,特别是 SO_2 和 NO_2 污染严重的地区,空气中 SO_2、NO_2 与水分结合形成"酸雨"降落到地面后,不仅危害植物,还会使土壤变质。

(4)生态系统破坏

对森林及其他生态系统,由于酸性物沉积、臭氧层空洞与二氧化硫等原因受到破坏。土壤和地下水源的损坏主要表现为湖泊富氧化和土壤酸化。导致这些现象的原因有氮氧化物的沉积和重金属污染(如废旧轮胎)。

三、主要影响因素

对于道路运输而言,机动车排放水平不仅取决于机动车自身的技术相关因素,如发动机技术、尾气控制技术,以及机动车重量和发动机排量等参数;还受机动车行驶状态影响,如机动车启动方式(冷启动或热启动)、机动车平均车速、机动车负载、机动车运行模式(加速、减速,或怠速)、爬坡等;此外,机动车使用情况,如累计行驶里程和维护状况等,以及油品质量、环境温度和湿度等因素都对机动车排放均产生一定影响;理论上,机动车排放量还跟油耗、空燃比和催化剂温度等参数有关。

对于铁路运输而言,排放量主要与运行速度、燃料种类、负载系数以及地理环境等因素有关。

对于航空运输而言,引擎种类和引擎模式是最关键的影响因素。

对于内河水道和海运而言,主要与引擎种类、船舶种类、燃料质量、操作方式等有关,其中内陆水道还与运行方向有关(逆流还是顺流)。

第二节　估算思路与方法

空气污染是重要的外部成本之一,有关空气污染的方法论、总污染成本、平均污染成本和边际污染成本等的研究很多。在欧洲的研究项目中,ExternE 项目(ExternE,1997;Friedrich 和 Bickel,2011)和 CAFE CBA(2005)提出的"影响途径研究法"是最常用方法且已十分成熟,被认为是估算空气污染成本最好的实践方法论。

一、估算思路

为了测算交通运输环境污染的外部成本,首先需要确定交通运输空气污染物的排放情况,排放因子则通常取决于国家、欧盟和国际性组织的研究,然后通过进一步估算交通运输排放对生态破坏、人体健康、农业、原材料和生态系统等方面的影响，对交通运输空气污染进行货币化，具体过程如图4-1所示。

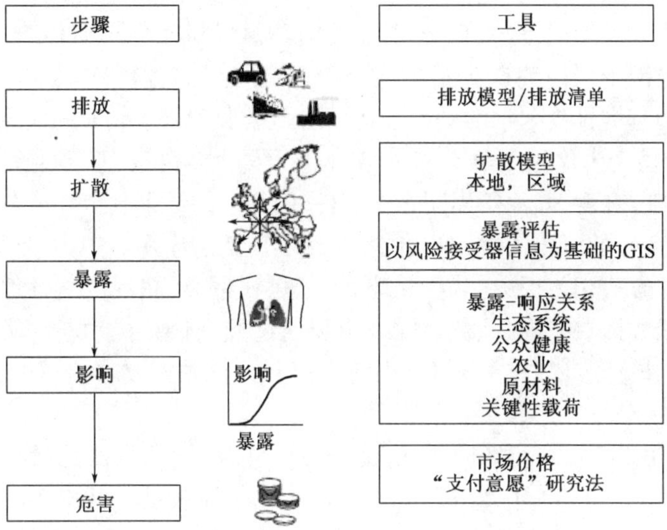

图4-1　交通运输空气污染外部成本研究路径概念图

二、污染物排放估算模型

1. 机动车排放模型

关于机动车排放模型的研究很多，按照模拟方法的不同，机动车排放模型可以分为平均速度类模型和行驶工况类模型；按污染物和参数之间的关系，又可以分为数学关系模型和物理关系模型。图4-2简要介绍了机动车排放模型的分类及其代表性模型。

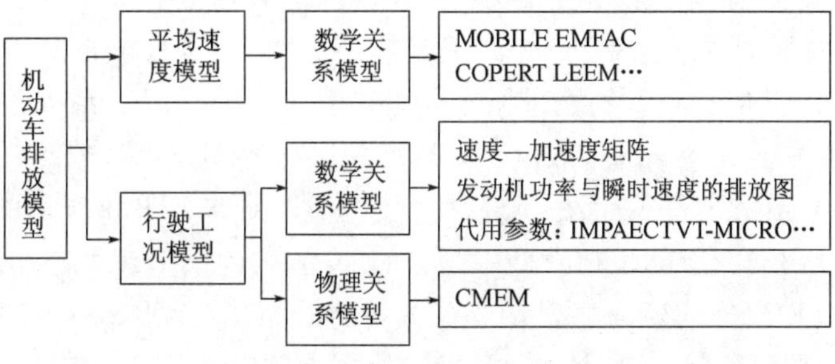

图4-2　机动车排放模型分类

平均速度类模型主要以MOBILE、EMFAC、COPERT等模型为代表，这类模型以平均速度为污染表征参数，通过修正后的排放因子乘以车公里数得到污染物的排放总量，都是数学关系类模型，适用于宏观和中观尺度。行驶工况类模型建立在机动车瞬时的行驶状态上，通过某一测试工况即时的速度、加速度等参数计算中观或微观的每秒污染物的排放和油耗。行驶工况类模型有数学关系和物理关系两类模型。物理关系模型主要建立发动机瞬时状态与污染排放之间的物理关系，计算污染物瞬时排放量，例如CMEM模型。数学关系模型根据逐秒的测试数据通过不同的回归方法和代用参数建立参数与污染排放的瞬时关系。

(1)MOBILE 模型

美国环保局的 MOBILE 模型最早发布于 1978 年。该系列模型主要用于评估当前和将来机动车辆尾气排放因子,主要包括了 HC、CO 和 NO_x。MOBILE 模型计算所采用的所有数据都是通过标准的联邦测试程序(FTP)以及美国环保局对在用车所进行的测试结果,并将结果作为基本排放因子。该测试包括了三个阶段:冷启动阶段、稳定运行阶段和热启动阶段。对各类车型的基本排放因子的测试是在平均车速为 31.6 km/h 的状况下取的平均值。

MOBILE 模型由于考虑了车辆不同车型、自重、发动机类型、车辆维修保养情况以及车辆的行驶里程、温度、湿度、燃油等不同客观条件,因此它的结果具有比较好的代表性和可比较性,同时由于其良好的可移植性,在全世界得到了广泛的应用。中国车辆管理部门的分类方式与美国的统计方式相差很大,分类粗略,不分燃料种类,而且由于各地车辆管理方式不统一造成车辆登记数据缺失,因此往往需要重新通过调查估算机动车种类及其分布。但相比其他更为微观的模型来说,这类基于平均速度的模型的数据要求相对仍然较低。

(2)COPERT 模型

COPERT 模型由欧洲环境署(EEA)资助开发,是欧洲使用最广泛的计算道路排放的模型。第一个版本产生于 1989 年,经过四次改进,现在最新版是 COPERT4。COPERT 模型可以计算单辆车或者车队一年中的污染物排放量,模型原理与 MOBILE 类似,采用平均速度表征车辆行驶特点。

此方法可以估算 NO_x、N_2O、SO_2、非甲烷挥发性有机物(NMVOC)、CH_4、CO、CO_2、氨(NH_3)、PM 和铅(Pb)的排放量。由于模型覆盖范围不如 MOBILE 等广,所以参数要求相对较低。COPERT 模型的排放标准大致与我国类似,但常见的统计数据和车辆类型的划分与我国仍有出入。

(3)IVE 模型

IVE 模型由国际可持续发展研究中心(ISSRC)和加利福尼亚大学河滨分校(UCR)的研究人员开发,是针对发展中国家的机动车污染排放模型。IVE 模型的计算方法在本质上与 MOBILE 模型的方法类似,即利用模型内嵌的基准排放因子乘以一系列修正系数从而得到当地城市每种技术类型机动车的排放因子。IVE 模型抛弃 MOBILE 模型的基于平均速度的校正方法,而采用 VSP 和发动机负载(ES)两个代用参数对非 FTP 工况下的机动车排放进行模拟。由于 IVE 最初的定位就是在发展中国家的应用,因此模型在可操作性上改进很多。

在中国使用 IVE 模型的城市将机动车分为普通轻型车、出租车、公交车和卡车 4 类,在车辆信息收集方面相对简单。而且 IVE 模型的使用方法较为固定,选择代表性的区域中的代表性路段进行车流量观测以及车辆行驶数据的收集,主要的输入参数都由特定的仪器收集,因此,IVE 模型的参数可获性相对较强,但仍有部分基础数据需要调查获得。

(4)CMEM 模型

CMEM 模型由加利福尼亚大学河滨分校于 20 世纪 90 年代中期开始开发。模型可以预测各种各样的轻型车在不同状态(如正常运行、劣化、损坏)下的排放,从这种意义上说,该模型是综合性的。CMEM 模型基于发动机负载和污染物形成的物理化学原理,考虑所有形式状态对排放的影响,可以预测一系列车辆/技术类型车辆每秒的尾气管(和发动机)排放和燃料经济性。CMME 模型的一个重要目的是与交通模型耦合,即可以作为一个模块嵌入到交通模型中，并结合交通模型生成的速度、加速度等数据计算排放因子。这种模型的一个优势就在于重大成果都在模型开发阶段就做好了，而不是在模型使用阶段，一旦模型形成，更新数据的需求量是比较小的。因此数据库的大小、完整性并不是判断这类模型成熟度的标准。

（5）EMFAC 模型

加利福尼亚州采用与美国其他州不同的排放标准，相应地，加利福尼亚州空气资源局（CARB）开发了 EMFAC 模型。EMFAC 模型的原理与 MOBILE 相同，是对基本排放因子进行行驶里程、温度、车速、驾驶行为等因素的修正的经验模型，参数的可获性基本可参照 MOBILE 模型。

2. 船舶排放模型

对船舶排放模型进行研究始于近些年，Endresen 等（2003，2007），Corbett 和 Koehler（2003）以及 Eyring 等（2005）分别构建了全球船舶排放量模型。2008 年，S. B. Dalsøren 等对 Endresen、Corbett、Koehler 及 Eyring 等的船舶排放模型方法进行了改进和扩展，提出了改进的船舶排放模型方法，各类污染物排放量计算模型如下：

$$E_g = \sum_{i,k,m,s} E_{g,i,k}^{m,s} \tag{4-1}$$

$$E_{g,i,k}^{m,s} = c_g^{m,s} \times F_{i,k}^{m,s} = c_g^{m,s} \times b_{i,k}^{m,s} \times l_{i,k}^{m,s} \times t_{i,k}^{m,s} \times p_{i,k}^{s} \tag{4-2}$$

式中：i——船舶类型；

k——船舶吨位大小；

g——污染物类型；

s——发动机类型，主机为 1，副机为 2；

m——运输方式，海运为 1，在港为 2；

$E_{g,i,k}^{m,s}$——采用第 s 类发动机的第 i 类、k 型船舶，在第 m 种运输方式时，每年所排放的第 g 类污染物的数量（kg 污染物）；

$c_g^{m,s}$——第 s 类发动机、第 m 种运输方式，第 g 类污染物的排放因子（kg 污染物/kg 燃料）；

$F_{i,k}^{m,s}$——采用第 s 类发动机的第 i 类、k 型船舶，在第 m 种运输方式时，每年的燃料消耗量（kg 燃料）；

$b_{i,k}^{m,s}$——采用第 s 类发动机的第 i 类、k 型船舶，在第 m 种运输方式时，某种燃料的消耗量（kg 燃料）；

$l_{i,k}^{m,s}$——第 i 类、k 型船舶，在第 m 种运输方式时，第 s 类发动机的平均载荷；

$t_{i,k}^{m,s}$——采用第 s 类发动机的第 i 类、k 型船舶，在第 m 种运输方式时，一年内的平均运行时间；

$p_{i,k}^{s}$——采用第 s 类发动机、第 i 类、k 型船舶的平均装机功率。

三、污染成本估算模型

交通运输空气污染外部成本认识，是建立在古典经济学、福利经济学、发展经济学、资源经济学、环境经济学和环境科学等学科理论的基础之上，其理论基础主要来源于微观经济学以及外部效果理论、经济效率理论、物质循环理论、福利经济理论等。交通运输空气污染外部成本估算，即污染物排放的货币化分析，其计算公式可以简单表示如下：

$$C = c \times n \times d \times Q \tag{4-3}$$

式中:C——外部成本;

c——(危害的)单位成本,即某一危害所造成的社会结果,如每死亡一人或每发生一次生病案例的成本;

Q——交通量,即某种运输方式完成的车·km、人·km、t·km 的交通量;

d——(影响)强度,即与交通量相关的影响因素的物理测量,如单位交通量的 SO_2 排放量等;

n——危害严重程度,与影响的类型相关,如死亡人数、由于尾气排放而致病的事件数。

污染成本的具体计量方法有多种,一般分为客观估价法和主观估价法。客观估价法直接根据环境变化所造成的物质影响进行经济评价,其通常采用"损害函数"来表示环境污染对自然资源或人造资产或对人类健康的损害程度。主观估价法是根据人们的意见或对人们行为的观察来间接估量环境损失的一种方法。在具体使用时,既可以直接询问人们对环境状况的评价,也可以通过观察人们对污染和其他商品的选择来估价可能的损失。

1. 疾病成本法和人力资本法

环境质量的变坏会影响人类的健康。疾病成本法是以损害函数为基础,通过损害函数把人们接触到的污染水平和污染对健康的影响联系起来。疾病成本法在计算由污染致疾病、由疾病致损失的项目时,要包括所有直接和间接的损失。主要有医疗费、缺勤造成的收入损失、非医务人员的护理费、陪员费等。但是,有些项目不能包括在内,如舒适性的降低、亲属的悲伤等,因为这些很难用货币进行衡量。

人力资本法是计算由于污染而引起的过早死亡的成本时所采用的一种方法。根据边际劳动生产力理论,人失去寿命或工作时间的价值等于这段时间中个人劳动的价值。一个人的劳动价值是在考虑年龄、性别、教育程度等因素情况下,每个人的未来收入经贴现而折算成的现值。

在很多情况下,环境污染既导致人们患病也会导致某些人死亡。因此,环境污染带来的疾病成本和死亡成本,在大多数情况下根本不能完全区分开来而是合并在一起计算的。在计算时,采用的计算公式主要有:

$$L = L_{11} + L_{12} + L_{21} + L_{22} \tag{4-4}$$

$$L_{11} = a \times R_{\mathrm{p}} \times c$$

$$L_{12} = a \times R_{\mathrm{d}} \times (c + d)$$

$$L_{21} = a \times L_{\mathrm{d}} \times p$$

$$L_{22} = a \times L_{\mathrm{i}} \times p$$

式中:L_{11}、L_{12}——直接经济损失;

L_{21}、L_{22}——间接经济损失;

a——环境污染在发病或死亡因素中占的比例;

R_{p}——患病人数;

R_{d}——死亡人数;

c——每个患者的医疗费;

d——每个死亡者的丧葬费;

L_d——病人和陪住人员耽误的劳动工时；

p——人均国民收入额；

L_i——早亡与平均寿命相比损失的劳动日数。

上式中，a 表明环境污染因素在疾病发生率或死亡率中究竟占有多大的比重，同时也说明了环境污染和所计算的有关损失之间的关联程度，通常 a 值是通过污染地区和无污染地区的病学调查与分析而求得的。

上述计算公式是以个人所创造的价值作为其本身具有的价值为假设，即一个人的生命价值就等于他所创造的价值。如果用净产值来衡量一个人生命的价值，就意味着当某人的消费大于其产出时，他的死亡对社会是有利的。这个结论没有考虑潜在死者求生的感情因素，从道德上看过于残酷，使得该计算方法受到一些批评。

2. 生产率变动法

该方法主要利用生产率的变动来计量因环境质量变化而带来的经济损失的一种方法。环境质量的变化必然导致生产率和生产成本的变化，从而导致产值和利润的变化。而产值和利润的变化是可以用市场价值来衡量的，并且可以较为容易地观察到和加以计量。例如，空气污染排放导致农作物的生产率下降。这种影响可以通过排放前后的产量变化之差来衡量，其总的经济损失可以用农产品的减产量乘以该农产品的市场价格来计算。这种方法在使用时，需注意如下问题：

第一，关注生产率变化对市场价格的影响。如果某一厂商的产品产量相对于整个市场的销售量来说很小，其产量的变化就不可能对市场价格产生有效影响。这种情况下，可以假定该产品的市场价格不变，用预计的产量变动乘以市场价格就可以得到环境质量变化的价值量；如果某一厂商的产品产量相对于整个市场销售量来说较大，其产量的变化将对产品和生产要素的市场价格产生影响。这时，就需要获得该产品需求和供给的价格弹性系数，以便准确地计算产量变化的市场价值量。

第二，由于市场竞争的不完全、补贴和利率等原因，市场价格有时不是有效价格，在分析计算时，应对所使用的市场价格进行修正。例如，将补贴加到价格中去。

3. 预防性支出法

该方法又称为控制成本法。其基本思想是，用预防生态和环境危害的支出额作为其最小成本。即污染造成的经济损失在数量上就等于为了消除这些污染、恢复环境质量所发生的成本。从理论上讲，这种方法的设计具有一定的合理性。同时，这种方法下，有关的数据和资料很容易得到，具有较强的应用意义。但是，通过这种方法所求得的只是最低的受损价值。因为：

(1)污染控制者的实际支出数额是受其收入约束的。如果污染者的收入能力有限，即使在污染比较严重时，其也只能进行有限的治理而并不能完全消除环境污染，甚至可能没有能力治理。这说明，预防支出和污染消除之间只有有限的或最低意义上的相关性。

(2)该方法估量环境污染损失时所采用的是污染治理的投入价即成本支出。与环境影响因子的市场价值相比，其数额较小，因为后者是产出价值。

4. 重置成本法

该方法是用环境污染损害的财产物资的重新购置成本作为环境损失价值的一种估算方

法。该方法基于下述三个假设：

(1)环境污染使得资产的性能完全或部分丧失，因此需要进行替换或修复；

(2)资产的替换或修复费用是可以进行计量的，而且替换或修复具有经济意义；

(3)资产的重置或修复不产生其他的连带效益。

具体使用时，可以分两种情况进行处理：

(1)如果环境污染使得财物完全丧失了物理性能上的使用价值，则可按相同规格的物资或设备重置成本价值来估计环境危害带来的经济损失。在无相同规格、型号的物资或设备时，可以根据类比的原则进行估计。

(2)如果环境污染使得资产丧失部分性能，则可根据生产率法或有关的修复费用进行估价。

5. 意愿调查评价法

意愿调查评价法(CVM)通过询问人们对于环境质量改善的支付意愿(WTP)或忍受环境损失的受偿意愿(WTA)来求得环境物品的价值。意愿调查评价法的使用条件为：

(1)相关的环境物品或服务没有交易市场、市场发育不健全或没有替代市场，因而无法通过市场信息了解人们的偏好。

(2)被调查者能够获得相关环境服务的充分信息。

一般来说，意愿调查评价所采用的调查方法大致可分为三种：

(1)直接询问调查对象的支付意愿或受偿意愿，如投标博弈法，权衡博弈法；

(2)通过调查对象在一次调查中对所提问题表述的答案，间接推断出他们对环境物品或服务的支付意愿或受偿意愿，如零成本选择法；

(3)通过对相关专家调查的方式来评价环境物品或服务的价值，如德尔菲法或专家调查法。表4-1概括了常用的意愿调查评价法。

意愿调查评价法分类 表4-1

调查方式	方法	调查方式	方法
直接询问支付意愿	投标博弈法	间接推断支付意愿	零成本选择法
	权衡博弈法	征询专家意见	德尔菲法
间接推断支付意愿	模拟市场法		

投标博弈法是意愿调查评价方法最常用的方法之一。投标博弈法是指通过直接询问调查对象对某一环境物品或服务的支付意愿或受偿意愿，获取投资项目环境影响的经济价值。在发达国家，该方法常用于对清洁的大气或水等的价值评价。

权衡博弈法又称比较博弈法，要求参与者必须在不同的物品组合中作出选择。一般做法为：给被调查者一定量的环境物品或服务以及相对应的价格作为初始值，然后询问被调查者愿意选择哪一项，即环境物品还是特定量的货币。

模拟市场法是指通过模拟一个实际的市场，让被调查者作出决定，是否愿意“购买”某一价格水平下提供的某种环境物品或服务。

零成本选择法是一种间接确定环境影响经济价值的方法。该方法要求被调查者直接从两个或两个以上的备选方案中选择一个方案，每个方案都可供选择，而且成本都为零。

德尔菲法又称专家调查法，指通过询问相关专家意见的方法，评定特殊货物或服务的价值。该方法要求受邀的每位专家独立地对某种特定的货物或服务作出评价或定价，然后，将他们作出的定价意见连同对此作出的解释一起，在组内的专家间进行传阅。专家们要在参考其他人意见的基础上独立进行第二轮估计，并不断重复这一过程，直到他们作出的估计值接近于某一数值。

6. 成果参照法

采用货币价值对环境影响进行分析评价，可以针对不同情况和所具备的使用条件，但是上述评价方法的采用，不仅需要大量数据的支持，还要耗费很多的费用和时间。对于难以获得市场信息的项目，采用意愿调查评价法还会出现很多偏差。因此，有时需要采用成果参照法来借鉴已有的研究成果对环境影响的经济价值进行分析评价。

成果参照法是指借助原用于分析某种特定情形的数据来分析处理另一种情形的方法。就环境影响的货币量化分析而言，成果参照法是指将在特定国家或地区运用环境影响货币量化分析的各种方法或研究特定环境影响经济价值的成果，根据其他国家或地区的实际情况作出适当的调整后，应用于这些国家或地区类似环境影响的货币量化分析中。

在成果参照法中，运用环境影响货币量化分析的各种方法对参照环境影响作出的货币量化分析结果，称为“参照成果”；被参照的环境资源所在地或参照成果的来源地，称为“参照地”；待评价的环境资源所在地称为“待分析地”。使用成果参照法，必须具备如下几个方面的条件：

（1）将要评价的是与参照地相似的环境资源；

（2）待分析地的资源受到的环境影响，在类别和程度上与参照地也是相似的；

（3）待分析地与所参照地人口的社会经济状况相类似；

（4）采用环境影响货币量化分析的各种基本方法对参照地环境影响所作的分析评价认真、严谨、深入，参照成果具有可靠性；

（5）进行环境影响货币量化分析时，缺乏必需的时间、经费和训练有素的人员来完成高质量的实地调查研究，客观上不得不参照现有的研究成果。

测算时，评价阶段要在参照成果的基础上进行调整，使调整后的值能够适用于拟评价地区，该调整按以下方式进行：

（1）同一参照成果中有几种价值，从中选取“最合适的”或可用的价值；

（2）从几份参照成果中得出环境影响经济价值的区间或平均值；

（3）采用收益函数移置方法，该方法强调对参照成果的分析计算中所采用的需求函数或支付意愿函数进行适当调整，用于评价待分析地的环境资源经济价值；

（4）参照成果中价值评价所用的信息量越大，就越容易对研究结果作出调整，以便使之能够应用到待分析地。

第三节　参数选取与结果

一、健康成本取值

欧盟研究项目 ExternE（能源外部性研究，2004 年称之为 NewExt 能源技术外部成本评估的新要素研究，2005 年后更名为 ExternE）聚焦于危重患者名单的量化以及与空气污染有关的死亡风险。据其调查发现，一年成本为 5 万欧元（慢性效果）到 7.5 万欧元（急性效果）是最为合理的。这个估值与生命评估值 *VSL* 为 100 万欧元是相对应的，低于单个的 *VSL* 或意外事故的风险值。很多关于社会医疗费用的估算，都采用这种较低的 *VSL*，而关于意外事故花费的研究仍然与国民生产总值关联，调整后的金额为 150 万欧元（见 HEATCO 的参数值）。医疗花费和事故花费估算的 *VSL* 不同，主要原因是在合同设计和对事故风险认知（突然死亡）上，就死亡风险与空气污染的相关性（数年累计的生命损失）考虑不同。换句话说，生命损失年数在两种情况下存在较大不同。对欧盟 25 个成员国，关于医疗费用、作物损失和建筑/材料损坏的平均金额，可从 HEATCO（2006）的调查中看到，具体如表 4-2 所示。

HEATCO 提供的欧洲平均的人体健康评估值（欧元）　　表 4-2

不同情景影响下人类健康成本	单位成本值
急性死亡（由于急性接触导致的死亡）	60500
慢性死亡（由于慢性接触导致的死亡）	40300
慢性支气管炎的新案例	153000
医院接诊（呼吸的和可归于急性的心脏病）	1900
限制户外活动日	76
较少限制活动日，咳嗽的天数，带有发病症状的天数（轻微的呼吸系统症状包括咳嗽）	31
支气管扩张剂的使用天数	1.0

注：1. 数据来源于 HEATCO D5 Annex D（HEATCO，2006a）。
2. 在不同的年份不同的国家，金额会根据人均国民生产总值 GDP/Capita 做出调整。
3. 用 2002 年的欧元价值作为计量单位。

此外，CAFÉ CBA 根据同样的数据来源 NewExt，采用不同的评估方法，展示了涉及范围更广的结果。同 HEATCO 相比，CAFÉ CBA 不考虑材料和建筑的损坏。表 4-3 展示了该项目所使用的人体健康成本取值。

CAFÉ CBA 提供的人体健康评估值（2005b）　　表 4-3

<table>
<tr><td>死　亡</td><td colspan="2">中位值</td><td colspan="2">平均值</td></tr>
<tr><td>婴儿死亡</td><td colspan="2">1500000 欧元/例</td><td colspan="2">4000000 欧元/例</td></tr>
<tr><td>生命评估值</td><td colspan="2">980000 欧元/例</td><td colspan="2">2000000 欧元/例</td></tr>
<tr><td>每年生命评估值</td><td colspan="2">52000 欧元/（例·年）</td><td colspan="2">120000 欧元/（例·年）</td></tr>
<tr><td>发病</td><td>低值</td><td colspan="2">中值</td><td>高值</td></tr>
<tr><td>慢性支气管炎</td><td>120000 欧元/例</td><td colspan="2">190000 欧元/例</td><td>250000 欧元/例</td></tr>
<tr><td>呼吸疾病、心脏病医院接诊</td><td></td><td colspan="2">2000 欧元/一次接诊</td><td></td></tr>
<tr><td>首席医生的咨询</td><td></td><td colspan="2">53 欧元/一次咨询</td><td></td></tr>
<tr><td>限制户外活动日（人们需要待在家的日子）</td><td></td><td colspan="2">130 欧元/天</td><td></td></tr>
<tr><td>限制活动日（调整日）</td><td></td><td colspan="2">83 欧元/天</td><td></td></tr>
<tr><td>较少限制活动日</td><td></td><td colspan="2">38 欧元/天</td><td></td></tr>
<tr><td>呼吸药品的使用</td><td></td><td colspan="2">1 欧元/天</td><td></td></tr>
<tr><td>具有发病症状日</td><td></td><td colspan="2">38 欧元/天</td><td></td></tr>
</table>

注：臭氧导致的植被损坏，相似的消耗金额在 CAFÉ CBA 中也有表述。

二、单位污染物成本取值

估算空气污染排放物的成本,最重要的是估算 PM2.5 和 NO_x 的成本。CAFÉ CBA（CAFE, 2005a）测算过欧盟所有国家的一般估值,其中每吨空气中 PM2.5 的价值损失根据希腊数据为 8600 ~ 25000 欧元之间,根据荷兰数据为 63000 ~ 180000 欧元之间。而大多数国家每吨空气中的 NO_x 价值损失则相对较低。HEATCO 在 2006 年的统计显示,排放出来的 PM2.5 损失金额在城市地区为每吨 140000 ~ 730000 欧元之间,在乡村地区的数值则在 22000 ~ 104000 欧元之间;在德国,数值为:城市地区 400000 欧元,乡村地区 78000 欧元。根据 ExternE 的计算,UBA 在 2006 年公布了每吨微粒排放物 PM10 的价值损失为 45000 ~ 92000 欧元之间(城市间道路),58000 ~ 180000 欧元之间(市内高架路)。

从结果可以看出,HEATCO 和 CAFÉ CBA 关于污染价值损失评估的范围是在同一数量级的,但针对不同的方面有一些具体区别,包括:覆盖的消费类型、不同污染物来源的毒性(PM2.5 和 PM10)、区域性影响因素、健康价值评定方法等。

——植被和材料损坏。CAFÉ CBA 统计的数据价值只包含医疗花费和臭氧层导致的植被损坏。实际上,对于整体损失价值,材料损坏只具有非常小的影响。

——不同来源的 PM2.5/PM10 毒性。HEATCO 运用 ExternE 的方法,认为次要的微粒(硝酸盐和硫酸盐)与首要的排出物不同;而 CAFÉ CBA 则基于 WHO 研究结果,认为此观点没有充足的科学证据。

CAFÉ CBA（CAFE, 2005a,2005b）:其核心假定是所有的微粒在每个单位都具有同等的效应,不考虑它们的物理和化学特点。这是基于微粒导致的长期影响仅取决于细微颗粒物 PM2.5 的大量吸入而非其成分这一事实。这一点,包括那些在 WHO 工作的审阅 CAFÉ CBA 的专家们,都倾向于认同每单位所含微粒的浓度都在影响着健康。关于对污染物不同成分的毒理学研究及其导致增加的危险性,仍有待观察。但事实上,针对不同微粒建立不同的风险率,缺乏数据基础。

HEATCO:HEATCO 项目采用了 ExternE 的研究方法,该研究方法指出燃烧微粒尤其是内部燃烧微粒具有高毒性,而次要微粒(如硝酸盐)的高毒性证据并不足。然而,相当多的研究发现硫酸盐是有毒性的微颗粒物。因此,ExternE 和 HEATCO 针对不同的微粒部分和来源分析如下:

· 硝酸盐类的毒性相当于 PM10 的 0.5 倍;

· 硫酸盐的毒性等同于 PM10（或 PM2.5 的 0.6 倍）;

· 发电厂的主要微粒毒性等同于 PM10;

· 车辆的微粒毒性等同于 PM2.5 的 1.5 倍;

· PM10 的毒性等同于 PM2.5 的 0.6 倍。

——区域性影响因素。HEATCO 同时考虑到了人口密集地区 PM2.5 对人类健康的影响,因此根据城市和乡村不同的交通情况公布了不同的数额。这是关于 PM2.5 两家研究的最主要不同之处。CAFÉ CBA 没有考虑到 PM2.5 排放物的区域性不同带来的影响。

——健康价值评估。HEATCO 采用的是因素成本分析方法,而 CAFÉ CBA 的估算则是根据市场价值。

总体来看,CAFÉ CBA 和 HEATCO 两种研究方法各有优点,HEATCO 展示了不同种类路网和地区的价值区别，尤其是关于 PM2.5/PM10 的对比；CAFÉ CBA 则提供了一份完整的关于其他污染物的研究结果。应用中可综合采用，使用 HEATCO 关于 PM2.5/PM10 排放物的评估结果，使用 CAFÉ CBA 关于其他污染物排放的研究结果。

表 4-4 汇总了对公路、铁路和水路空气污染单位污染物成本的分析结果。其中，海上运输不是以国家为单位而是以海域为单位。所列金额考虑了不同国家的不同人口密度以及国别的气象状况和交通模式。

公路、铁路和水路空气污染单位污染物成本（欧元/t） 表 4-4

污染物类型	NO_x	NMVOC	SO_2	PM2.5			PM10		
数据来源	CAFÉ CBA	CAFÉ CBA	CAFÉ CBA	HEATCO	UBA 转换到 HEATCO	HEATCO/ CAFÉ CBA	HEATCO	UBA 转换到 HEATCO	HEATCO
当地环境				大都市	城市	郊区	大都市	城市	郊区
奥地利	8700	1700	8300	415000	134300	69600	166200	53700	27800
比利时	5200	2500	11000	422200	136200	91100	169900	54500	36500
保加利亚	1800	200	1000	43000	13800	11000	17200	5500	4400
塞浦路斯	500	300	2000	243700	78700	20600	97500	31500	8200
捷克	7300	1000	8000	252600	81400	62700	101000	32600	25100
丹麦	4400	700	5200	386800	124700	45500	154700	49900	18200
爱沙尼亚	800	100	1800	133400	43400	22500	53400	17300	9000
芬兰	800	200	1800	337100	108600	28100	134800	43400	11200
法国	7700	1400	8000	392200	126300	78400	156900	50500	31400
德国	9600	1700	11000	384500	124000	75000	153800	49600	30000
希腊	800	300	1400	248700	80100	35000	99500	32100	14000
匈牙利	5400	900	4800	203800	65600	52300	81500	26200	20900
爱尔兰	3800	700	4800	391000	126200	40900	156400	50500	16400
意大利	5700	1100	6100	371600	120100	67600	148600	48000	27100
拉脱维亚	1400	200	2000	115700	37200	21500	46300	14900	8600
立陶宛	1800	200	2400	143100	46500	28600	57200	18600	11.400
卢森堡	8700	2700	9800	671500	216200	95700	268600	86500	38300
马耳他	700	400	2200	245400	78700	20400	98200	31500	8200
荷兰	6600	1900	13000	422500	136400	82600	169000	54500	33000
挪威	2000	300	2500	309600	99600	30100	123800	39900	12000
波兰	3900	600	5600	174500	56000	52400	69800	22400	20900
葡萄牙	1300	500	3500	259500	83600	38500	103800	33500	15400
罗马尼亚	2200	400	2000	29200	9400	7500	11700	3800	3000
斯洛伐克	5200	700	4900	194200	62100	52400	77700	24900	21000
斯洛文尼亚	6700	1400	6200	262900	84500	54500	105200	33800	21800
西班牙	2600	400	4300	299600	96400	41200	119900	38600	16500
瑞典	2200	300	2800	352600	113400	34300	141000	45400	13700

续上表

污染物类型	NO_x	NMVOC	SO_2	PM2.5			PM10		
数据来源	CAFÉ CBA	CAFÉ CBA	CAFÉ CBA	HEATCO	UBA 转换到 HEATCO	HEATCO/ CAFÉ CBA	HEATCO	UBA 转换到 HEATCO	HEATCO
当地环境				大都市	城市	郊区	大都市	城市	郊区
瑞士	9200	1800	8800	444800	143100	73500	177900	57200	29400
英国	3900	1100	6600	389100	125300	60700	155700	50100	24300
欧盟成员国	4400	1000	5600			26000			
波罗的海	2600	500	3700			12000			
地中海	500	300	2000			5600			
东北大西洋	1600	400	2200			4800			
北海	5100	1900	6900			28000			

注:1. 资料源自 HEATCO 关于 PM2.5/PM10 的研究,用 2000 年的欧元价值作为计量单位。其他污染物资料来自 CAFÉ CBA。

2. 大都市 >50 万居民,小城市 <50 万居民。

上述研究方法适用于所有的交通模式。表 4-5 展示了电气时代每吨污染物排放的空气污染成本。

电气时代污染物排放的空气污染成本(欧元/t)　　表 4-5

污染物	NO_x	NMVOC	SO_2	PM10	
来源	CAFÉ CBA	CAFÉ CBA	CAFÉ CBA	HEATCO	
当地环境				城区	郊外
奥地利	8700	1700	8300	14500	11600
比利时	5200	2500	11000	16300	13400
保加利亚	1800	200	1000	1700	1300
塞浦路斯	500	300	2000	3700	1900
捷克	7300	1000	8000	9400	8400
丹麦	4400	700	5200	7700	4800
爱沙尼亚	800	100	1800	3300	2500
芬兰	800	200	1800	5600	2800
法国	7700	1400	8000	13400	10500
德国	9600	1700	11000	11500	8700
希腊	800	300	1400	4600	2800
匈牙利	5400	900	4800	8000	6200
爱尔兰	3800	700	4800	6200	3600
意大利	5700	1100	6100	9500	6700
拉脱维亚	1400	200	2000	2500	1700
立陶宛	1800	200	2400	3600	2700
卢森堡	8700	2700	9800	14700	11000

续上表

污染物	NO_x	NMVOC	SO_2	PM10	
来源	CAFÉ CBA	CAFÉ CBA	CAFÉ CBA	HEATCO	
当地环境				城区	郊外
马耳他	700	400	2200	4100	2000
荷兰	6600	1900	13000	16300	13400
挪威	2000	300	2500	5000	2500
波兰	3900	600	5600	8300	7300
葡萄牙	1300	500	3500	6700	4800
罗马尼亚	2200	400	2000	3300	2600
斯洛伐克	5200	700	4900	7800	6800
斯洛文尼亚	6700	1400	6200	7500	5600
西班牙	2600	400	4300	5600	3700
瑞典	2200	300	2800	5700	2900
瑞士	9200	1800	8800	15500	11600
英国	3900	1100	6600	12300	9500

注:资料来源于 HEATCO 关于 PM2.5/PM10 的研究,用 2000 年的欧元价值作为计量单位。其他污染物资料来自 CAFÉ CBA。

需要指出的是如果需要针对特定地区案例进行测算,以上所列每个国家的数字可能还不充分。不过,这个问题主要出现在带有强烈区域性影响因素的污染物上,例如排放的微颗粒物。HEATCO 的数据为测算至少提供了城市和乡村地区的平均污染成本,若对特定案例使用其他的分析模型计算,就必须有大量具体的排放数据作支撑。

空气污染成本是基于每吨污染物的成本量化的,单位为每种交通工具每公里的成本,针对不同的国家不同的交通工具和类型,可以是每车公里 v · km(vehicle-km)、每火车公里 t · km(train-km)、每飞机公里 p · km(plane-km)或每次起降 LTO(landing-takeoff)等。

(1)公路运输

以 2000 年价格作为基础价格,表 4-6 针对不同车型(客车、货车)、排放标准(EURO-norm)、燃油类别(汽油和柴油)和区域,给出了每车 · 公里的单位空气污染成本(计价基础:德国),相关排放数据代表的是德国不同类别车辆的平均排放成本值,即每一类汽车范畴内(例如:乘用车汽油 1.4 ~ 2L)的数值代表该类别的平均水平。

德国客车和货车的空气污染成本[欧元/(车 · km)] 表 4-6

机动车	型号	排放标准	大都市	小城市	城际间	高速公路	平均值
客车汽油	<1.4L	EURO-0	5.9	2.3	1.7	1.9	2.0
		EURO-1	1.7	1.4	0.6	0.8	0.9
		EURO-2	0.9	0.6	0.3	0.4	0.4
		EURO-3	0.3	0.2	0.1	0.1	0.1
		EURO-4	0.3	0.1	0.1	0.1	0.1
		EURO-5	0.3	0.1	0.1	0.0	0.1

续上表

机动车	型号	排放标准	大都市	小城市	城际间	高速公路	平均值
客车汽油	1.4～2L	EURO-0	5.1	1.8	1.4	1.6	1.6
		EURO-1	1.7	1.5	0.6	0.8	0.9
		EURO-2	0.9	0.6	0.3	0.4	0.4
		EURO-3	0.3	0.2	0.1	0.1	0.1
		EURO-4	0.3	0.1	0.1	0.1	0.1
		EURO-5	0.3	0.1	0.1	0.0	0.1
	>2L	EURO-1	1.4	1.2	0.6	0.8	0.8
		EURO-2	0.8	0.6	0.3	0.4	0.4
		EURO-3	0.3	0.2	0.1	0.1	0.1
		EURO-4	0.2	0.1	0.1	0.1	0.1
		EURO-5	0.2	0.1	0.1	0.0	0.1
客车柴油	<1.4L	EURO-2	4.0	1.8	0.8	0.9	1.1
		EURO-3	3.1	1.5	0.9	1.0	1.1
		EURO-4	1.7	0.8	0.5	0.5	0.6
		EURO-5	0.7	0.4	0.3	0.3	0.4
	1.4～2L	EURO-0	13.8	4.8	1.4	1.5	2.4
		EURO-1	4.8	2.0	1.0	1.3	1.4
		EURO-2	4.0	1.8	0.8	0.9	1.1
		EURO-3	3.1	1.5	0.9	1.0	1.1
		EURO-4	1.7	0.8	0.5	0.5	0.6
		EURO-5	0.7	0.4	0.3	0.3	0.4
	>2L	EURO-0	14.1	5.1	1.7	1.8	2.7
		EURO-1	4.8	2.0	1.0	1.3	1.4
		EURO-2	4.0	1.8	0.8	0.9	1.1
		EURO-3	3.1	1.5	0.9	1.0	1.1
		EURO-4	1.7	0.8	0.5	0.5	0.6
		EURO-5	0.7	0.4	0.3	0.3	0.4
货车	<7.5t	EURO-0	20.1	11.3	9.1	9.0	9.1
		EURO-1	12.0	6.7	5.4	5.3	5.4
		EURO-2	8.1	5.6	5.0	5.0	5.0
		EURO-3	7.5	4.8	4.0	3.9	4.0
		EURO-4	3.2	2.5	2.3	2.3	2.3
		EURO-5	2.3	1.6	1.4	1.4	1.4
	7.5～16t	EURO-0	28.2	15.7	11.9	11.1	11.6
		EURO-1	18.4	10.6	8.1	7.6	7.9

续上表

机动车	型号	排放标准	大都市	小城市	城际间	高速公路	平均值
货车	7.5 ~ 16t	EURO-2	12.4	8.5	7.2	6.9	7.1
		EURO-3	10.2	7.2	6.0	5.5	5.8
		EURO-4	5.3	4.1	3.5	3.3	3.4
		EURO-5	3.8	2.7	2.2	2.0	2.1
	16 ~ 32t	EURO-0	29.0	16.5	12.7	11.8	12.1
		EURO-1	16.3	9.9	7.8	7.3	7.5
		EURO-2	12.9	9.1	7.5	7.1	7.2
		EURO-3	9.4	7.0	5.8	5.3	5.5
		EURO-4	5.2	4.1	3.5	3.2	3.3
		EURO-5	3.8	2.7	2.2	2.0	2.1
	>32t	EURO-0	38.3	22.3	16.8	14.9	15.3
		EURO-1	28.1	16.1	12.0	10.6	10.9
		EURO-2	18.9	13.2	10.7	9.6	9.8
		EURO-3	14.6	10.6	8.5	7.6	7.7
		EURO-4	7.4	6.1	5.1	4.5	4.6
		EURO-5	5.2	3.8	3.1	2.8	2.8

注:1. 数据源自 TREMOVE。
2. 大都市 >50 万居民,小城市 <50 万居民。
3. 用 2000 年的欧元价值作为计量单位。

空气污染物的排放量会因为平均速度差异产生很大不同。以上所采用的数据来自于网络数据,平均数为 37 km/h,城市之间为 75km/h,高速公路为 106 ~ 125km/h。图 4-3 展示了欧盟-Ⅱ排放标准的柴油客车,平均行车速度与 NO_x 排放量的关系。

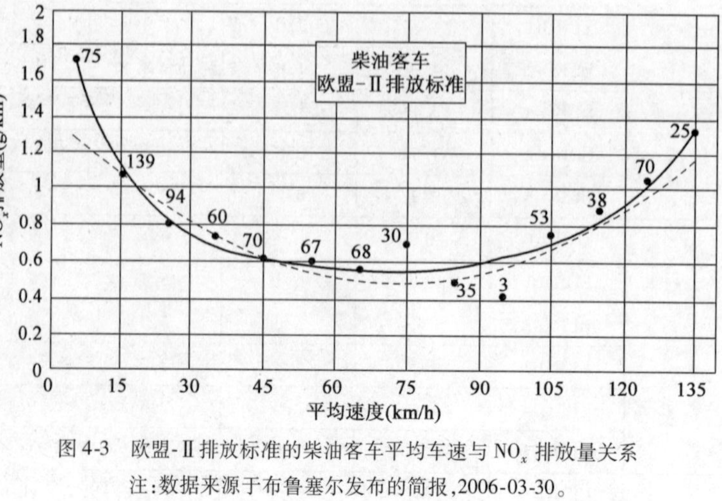

图 4-3 欧盟-Ⅱ排放标准的柴油客车平均车速与 NO_x 排放量关系

注:数据来源于布鲁塞尔发布的简报,2006-03-30。

(2)铁路运输

铁路运输的空气污染成本分直接与间接两类,数据差异很大。表 4-7 给出了铁路运输空气污染成本按乘客和货物运输、牵引类型和网络类型进行区分的情况。其中，直接污染成本指运输工具使用中直接排放的污染物成本，间接污染成本是考虑了上游、下游全过程的污染成本，如电力牵引车要考虑电力生产间接污染。

列车客运与货运空气污染成本[欧元/(火车·km)]　　表 4-7

列车类型		客运					货运	
		电动			柴油		电动	柴油
		机车	轨道列车	高速列车	机车	轨道列车	机车	机车
大都市	间接污染	4.9	7.6		8.7	11.5	13.7	29.2
	直接污染	0	0		204.7	271	0	690
	总污染	4.9	7.6		213.3	282.4	13.7	719.2
小城市	间接污染	4.9	7.7		8.7	11.5	13.7	29.2
	直接污染	0	0		108.8	144.8	0	366.8
	总污染	4.9	7.7		117.5	156.4	13.7	396
乡村	间接污染	4.9		9.2	8.7		13.7	29.2
	直接污染	0		0	90.7		0	305.8
	总污染	4.9		9.2	99.4		13.7	335

注：1. 数据来源于 TREMOVE，德国。

2. 直接排放不包括磨损过程中的排放，因此只适用于是用柴油的排放。

3. 大都市 >50 万居民，小城市 <50 万居民。

4. 大城市和城市的货运列车的值不包括在 TREMOVE 数据库中。

(3)内河航运

内河航运空气污染单位成本，因船舶吨位不同而差别极大。表 4-8 针对不同类型船舶和船舶吨位，给出了平均每条船的内河运输空气污染值。

内河航运的空气污染成本[欧元/(船·km)]　　表 4-8

船舶类型	直接排放成本	船舶类型	直接排放成本
干货 <250t	0.89	推驳船 1000～1500t	6.05
干货 250～400t	0.89	推驳船 1500～3000t	6.05
干货 400～650t	1.22	推驳船 >3000t	12.60
干货 650～1000t	1.86	油船 <250t	0.89
干货 1000～1500t	2.54	油船 250～400t	0.90
干货 1500～3000t	4.63	油船 400～650t	1.22
干货 >3000t	4.63	油船 650～1000t	1.86
推驳船 <250t	6.05	油船 1000～1500t	2.54
推驳船 250～400t	6.05	油船 1500～3000t	7.28
推驳船 400～650t	6.06	油船 >3000t	7.28
推驳船 650～1000t	6.04		

注：数据来源于 TREMOVE，德国。

(4)航空运输

航空运输空气污染由于飞行距离不同,差异极大。航空运输污染排放主要发生在城市以外的地区,航空运输空气污染主要是防控起降阶段的污染排放。表 4-9 给出了不同距离下航空运输空气污染按每次起降和每飞机·公里运输情况下的单位污染成本。

航空运输和起降空气污染成本(德国)　　表 4-9

飞行距离	直 接 排 放	
	欧元/(飞机·km)	欧元/起降
<500km	0.21	45
500~1000km	0.12	70
1000~1500km	0.08	117
1500~2000km	0.06	138
>2000km	0.03	300

注:数据来源于 TREMOVE,德国。

第四节　估算应用案例分析

根据上述方法,结合我国统计数据和国情实际,对 2011—2015 年我国道路交通机动车排放污染成本进行测算分析。首先,需要选择和构建模型确定道路交通机动车空气污染物的排放情况;其次,结合空气污染物外部成本取值,核算机动车排放污染物成本。

一、污染物排放量测算

(1)机动车污染物排放模型

2005 年 7 月 27 日,国家环境保护总局发布了《城市机动车污染排放测算方法》(HJ/T 180—2005),并从同年 10 月 1 日开始实施,目前该测算方法在我国应用相对广泛。这里,据此构建交通运输营运车辆污染物年排放量模型,并在具体计算过程中做适当的修正。

$$EQ_i = \sum_{j=1}^{n} P_j \times M_j \times Ef_{ij} \quad (j = 1, 2, \cdots, n) \tag{4-5}$$

式中:EQ_i——所有类型车辆第 i 种污染物年排放量;

n——车类型总数;

P_j——统计年份 j 类型车保有量;

M_j——j 类型车年平均行驶里程;

Ef_{ij}——j 类型车 i 种污染物的排放因子。

因此,要计算道路交通运输机动车污染物排放量,首先要确定营运汽车的分类型保有量、车辆年均行驶里程、单车排放标准等因素取值。

(2)营运性车辆类型及数量

在我国有关统计中,营运性车辆按客车和货车分类进行统计,如表 4-10 所示。从表中可以看出,近年来我国公路营运车辆增长趋缓,年平均增长 4.1%,到 2015 年底全国拥有公路营运汽车 1473 万辆。

2011—2015 年营业性汽车的车型构成(万辆)　　表 4-10

年份	营运车辆总计	客车合计	大型客车	载货合计	大型载货
2011	1264	84	27	1179	370
2012	1340	87	29	1253	410
2013	1504	85	30	1419	342
2014	1538	85	31	1453	357
2015	1473	84	30	1389	340

由于统计资料中,没有按照车辆能耗类型进行分类统计,还需要将统计数据中的营运性客车和货车,进一步划分为汽油车和柴油车两类。根据《公路水路交通节能中长期规划纲要》,中国政府大力推进运输车辆的柴油化进程,逐步提高柴油在车用燃油消耗中的比重,"十二五"期间营运客车和货车每年分别提高 1 ~ 2 个百分点,到 2015 年的柴油消费比重将分别达到 70% 和 85% 左右。据此,将营运车辆进一步划分为柴油车和汽油车,如表 4-11 所示。

营运性车辆按燃料类型划分构成情况(万辆)　　表 4-11

年份	总营运车辆	大型汽油车	大型柴油车	其他汽油车	其他柴油车
2011	1264	87	310	190	676
2012	1339	90	349	184	717
2013	1504	71	301	212	920
2014	1538	69	319	198	952
2015	1473	60	310	174	929

(3)车辆年均行驶里程

目前,在相关官方统计数据中,并不提供每台营运车辆的年行驶里程统计数据。为此,本书根据统计数据的可得性,利用统计资料中的公路客(货)运周转量、客货运车辆总规模、平均吨位(客位)、实载率等数据,构建测算不同车型的年均行驶里程模型如下:

$$AM_j = \frac{Q_j}{\alpha \times H_j \times T_j} = \frac{Q_j}{\alpha \times HT_j} \tag{4-6}$$

式中:AM_j——第 j 类型车年均行驶里程;

Q_j——第 j 类型车货物(旅客)周转量;

H_j——第 j 类型车车辆总规模;

T_j——第 j 类型车平均吨位(客位);

HT_j——第 j 类型车车辆总吨位;

α——实载率。

2009—2013 年营运客货车基础数据及年平均行驶里程见表 4-12。

(4)机动车辆排放标准

车辆的性能和所用的燃料类型,决定了车辆的污染物排放水平。国家环境保护总局针对不同车辆和燃油类型,制定了车辆污染物排放控制标准,表 4-13 列出了不同类型车辆国Ⅰ~Ⅳ阶段排放因子。

2011—2015 年营运客货车基础数据及年平均行驶里程 表 4-12

	年份	货物周转量（亿 t·km）	营业性货车总规模（万辆）	营业性货车总吨位（万 t）	实载率（%）	年平均行驶里程（万 km）
营业性货车	2011	51374	1179	7261	73	9.69
	2012	59534	1253	8062	73	10.12
	2013	55738	1419	9614	73	7.94
	2014	61016	1453	10292	73	8.12
	2015	57956	1389	10367	73	7.66
	年份	旅客周转量（亿人·km）	营业性客车总规模（万辆）	营业性客车总客位（万人）	实载率（%）	平均行驶里程（万 km）
营业性客车	2011	16760	84.3	2086	70	11.48
	2012	18467	86.7	2166	70	12.18
	2013	11251	85.3	2170	70	7.41
	2014	12084	84.6	2190	70	7.88
	2015	10743	83.9	2149	70	7.14

注：1. 数据来源于《中国统计年鉴》和《中国交通年鉴》。

2. 2013 年客货运周转量统计口径发生改变。

3. 2009 年以后不再统计客货运实载率，且 2010 年国家明确要求客运低于 70% 实载率的不再新增运力投放，据此采用过去五年平均数作为实载率。

营业性汽车（新车）排放因子[g/（km·辆）] 表 4-13

排放阶段	排放类型	重型车		其他	
		汽油车	柴油车	汽油车	柴油车
国Ⅰ阶段	CO	106	4.5	3.7	1.63
	NO_x	21	8.75	3.15	2.35
	PM	—	0.95	—	0.43
	HC	13	2.68	3.4	0.82
国Ⅱ阶段	CO	9.51	4.4	2.05	1.2
	NO_x	1.32	7.7	0.19	1.94
	PM	—	0.36	—	0.1
	HC	0.25	2.7	0.18	0.78
国Ⅲ阶段	CO	8.7	2.1	1.8	0.78
	NO_x	0.98	5	0.13	1.54
	PM	—	0.13	—	0.06
	HC	0.41	0.66	0.12	0.25
国Ⅳ阶段	CO	7.8	1.5	1.6	0.52
	NO_x	0.7	3.5	0.1	1.22
	PM	—	0.02	—	0.01
	HC	0.29	0.46	0.08	0.18

(5)污染物排放量测算

按我国规定,2000 年开始实施国Ⅰ标准,2004 年 7 月 1 日起在全国范围内实施国Ⅱ标准,2007 年 7 月 1 日全国范围内开始实施国Ⅲ排放标准,2011 年 7 月 1 日起全面实施国Ⅳ标准,2017 年 1 月 1 日起全面实施国Ⅴ标准。

假定所有车辆使用年限为 8 年,则每年淘汰率为 12.5%。在 2004 年、2007 年、2011 年,由于当年年中执行新的排放标准,则假定当年新增的车辆中,两种排放标准的车辆各占 1/2。据此,可推算 2011—2015 年中符合不同排放标准的车辆分布。表 4-14 给出了各型车辆在各年份的构成情况。

2011—2015 年符合各排放标准的营业性机动车辆数量(万辆) 表 4-14

年份	大型汽油车				大型柴油车				合计
	国Ⅰ	国Ⅱ	国Ⅲ	国Ⅳ	国Ⅰ	国Ⅱ	国Ⅲ	国Ⅳ	
2011	5.5	32.8	43.7	5.5	19.3	116.1	154.8	19.3	397
2012	0.0	28.1	45.0	16.9	0.0	109.1	174.5	65.4	439
2013	0.0	13.4	35.7	22.3	0.0	56.4	150.3	93.9	372
2014	0.0	4.3	34.3	30.0	0.0	20.0	159.7	139.7	388
2015	0.0	0.0	26.3	33.8	0.0	0.0	135.6	174.4	370
年份	其他类型汽油车				其他类型柴油车				合计
	国Ⅰ	国Ⅱ	国Ⅲ	国Ⅳ	国Ⅰ	国Ⅱ	国Ⅲ	国Ⅳ	
2011	11.9	71.4	95.2	11.9	42.2	253.3	337.8	42.2	866
2012	0.0	57.6	92.2	34.6	0.0	223.9	358.3	134.4	901
2013	0.0	39.8	106.0	66.3	0.0	172.5	460.0	287.5	1132
2014	0.0	12.4	98.9	86.6	0.0	59.5	476.1	416.6	1150
2015	0.0	0.0	75.9	97.6	0.0	0.0	406.6	522.8	1103

根据上述排放因子、平均营运里程、每种排放标准下车辆数等数据,运用提出的机动车辆排放模型,可计算出 2011—2015 年我国营运性机动车污染物排放量。如表 4-15 所示。

2011—2015 年营运性汽车分类型污染物排放量(万 t) 表 4-15

年份	大型汽油车污染物排放量				大型柴油车污染物排放量			
	CO	NO_x	PM	HC	CO	NO_x	PM	HC
2011	139.1	21.7	0.0	10.5	100.8	201.6	8.5	50.4
2012	88.1	10.4	0.0	3.4	105.3	216.5	7.1	49.0
2013	47.0	5.2	0.0	1.9	54.1	116.2	3.2	22.6
2014	45.9	0.0	0.1	0.0	50.6	115.3	2.5	17.9
2015	36.4	1.5	0.1	0.0	40.4	95.3	1.6	12.6

续上表

年份	其他汽油车污染物排放量				其他柴油车污染物排放量			
	CO	NO_x	PM	HC	CO	NO_x	PM	HC
2011	40.3	6.8	0.0	7.0	69.7	123.0	6.8	34.3
2012	37.8	2.9	0.0	2.7	68.9	128.2	5.0	32.2
2013	29.0	2.1	0.0	1.9	54.9	107.0	3.7	23.1
2014	27.4	1.9	0.1	1.7	52.7	108.5	3.1	19.2
2015	21.7	1.5	0.1	1.3	43.6	93.5	2.2	14.5

再根据周转量，可求得2011—2015年我国营运性汽车单位周转量污染物排放量测算结果。具体测算结果见表4-16。

2011—2015年营运性汽车污染物排放总量及单位周转量排放 表4-16

年份	污染物排放总量（万t）				单位周转量污染物排放［g/(t·km)］			
	CO	NO_x	PM	HC	CO	NO_x	PM	HC
2011	349.8	353.2	15.3	102.2	0.66	0.67	0.03	0.19
2012	300.2	358.0	12.1	87.3	0.49	0.58	0.02	0.14
2013	185.0	230.6	6.9	49.5	0.27	0.33	0.01	0.07
2014	176.6	225.7	5.7	38.8	0.25	0.32	0.01	0.06
2015	142.1	191.9	4.1	28.3	0.20	0.28	0.01	0.04

注：营业性道路运输换算周转量（换算t·km）＝货物周转量＋旅客周转量/10。

由此可见，2011—2015年的5年中，我国营业性汽车CO、NO_x和HC等主要污染物的排放量均呈逐年减小趋势，其中单位周转量的污染物排放量下降趋势更为明显。

二、单位污染物排放成本取值

根据前文提出的2000年欧盟相关国家NO_x、SO_2、NMVOC、PM10（市内）、PM10（市外）等污染物的单位污染成本取值，并考虑欧盟人均GDP与我国人均GDP比较情况及我国GDP增长情况进行调整，最终得到我国各种污染物的边际成本取值见表4-17所示。其中，有关HC的污染成本研究较少，根据其危害性分析，参照CO成本对HC的成本进行估算。

我国主要污染物排放的边际成本取值（元/t） 表4-17

年份	CO	NO_x	PM	HC
2011	3224	20660	37296	3224
2012	3559	22809	41175	3559
2013	3922	25135	45375	3922
2014	4244	27196	49095	4244
2015	4541	29100	52532	4541

三、污染成本测算

根据前文提到的空气污染成本测算思路，构建营运性机动车污染物排放成本核算模型，如下所示：

$$CP_i = \sum_{i=1}^{m} CU_i \times EQ_i \quad (i = 1, 2, \cdots, m) \tag{4-7}$$

式中：CP_i——第 i 种污染物的外部成本；

CU_i——第 i 种污染物的单位成本，即污染物危害社会经济的货币化后果；

EQ_i——第 i 种污染物的年排放量。

结合前面测算得到的机动车污染物排放量，以及给出的单位污染物成本数据，可以测算营运性机动车污染物排放成本，以及单位换算周转量所排放空气污染物的外部成本，如表4-18所示。

2011—2015年营业性机动车空气污染成本　　表4-18

年份	污染成本（亿元）					单位周转量污染成本［元/（万t·km）］	占GDP比重（%）
	CO	NO_x	PM	HC	汇总		
2011	112.8	729.7	57.2	32.9	932.6	242.0	0.19
2012	106.8	816.6	49.8	31.1	1004.4	260.6	0.19
2013	72.6	579.5	31.1	19.4	702.7	182.3	0.12
2014	75.0	613.9	28.0	16.5	733.4	190.3	0.11
2015	64.5	558.3	21.3	12.9	657.0	170.5	0.10

从测算结果来看，我国营业性汽车空气污染外部成本约占GDP的0.10%～0.19%，且单位周转量污染成本呈明显下降趋势。根据荷兰、德国和欧共体等地区的研究成果，空气污染外部成本占GNP的比重分别为0.12%～0.20%、0.25%～0.79%和0.5%，与我国水平基本相当。但考虑到目前测算范围仅为营业性汽车，社会私人车辆的污染水平尚未考虑在内，因此，未来对公路交通空气污染的控制十分重要。

第五章　温室效应外部成本

气候变化是全球关注的事关人类生存与发展的重大议题。从世界范围看,交通运输是温室气体排放的三大主要"碳源"之一,由此带来的温室效应导致全球气温上升,会造成南北极地冰层和高原冰川消融,海水膨胀和海平面上升,导致地球中纬度地区生态系统失衡,突发性气候灾难频繁,疾病及疫症传播,严重影响人类的生存和发展。

第一节　温室效应及外部成本内涵

一、温室效应

温室效应是指由于人类生产、生活所排放的二氧化碳(CO_2)、氧化亚氮(N_2O)、甲烷(CH_4)、氢氟化合物(HFCs)等温室气体,致使气候发生的变化,其中二氧化碳是最主要的因素。据科学研究发现:大气中 CO_2 的浓度翻一番,地球平均温度就会上升 2.5℃。从世界范围看,交通运输是温室气体排放的主要领域之一,研究资料表明交通运输是三大主要"碳源"之一:全球 CO_2 排放中,火电约占41%;建筑约占27%;交通工具约占25%。另根据2007 年欧洲运输部长会议《减少运输二氧化碳排放报告》,2003 年,经济合作与发展组织(OECD)国家来自燃油消费所排放的 CO_2 中,交通运输业(包括营业性运输和私人运输)占到34%,其中公路为23%,水路为2%,航空为6%,其他为3%。在全世界范围,交通运输占28%,其中公路为18%,水路为2%,航空为5%,其他为3%。由于温室效应导致气候变化的外部成本是明显的,《Watkiss》(2005b)主要归纳为以下几个方面:

(1)海平面上升

一些沿海土地和湿地会被淹没,直接导致相关的保护成本增加。此外,上升的海平面会使风暴潮增多,盐水侵蚀土地,破坏湿地以及沿海地区的生态环境,这点往往在考察海平面上升带来的外部成本时被忽略或者在估值的时候仅被部分提及。居住于小岛屿和/或低洼沿海地区的人口则要直接面对风险——由于海平面上升和风暴潮而带来的严重的社会和经济影响,由此可能引发居民(比如,那些生活在小岛国的居民)移民问题。

(2)能源使用

对能源使用的影响将取决于平均气温和范围,但需要综合考虑取暖需求的增加和减少(不仅要考虑总体能源供给,还要考虑满足需求高峰)。一方面,冬天温度的升高会减少一些供暖需求;另一方面,夏天平均温度的升高会导致空调的使用需求增加。

(3)农业影响

对农业的影响取决于区域温度和降雨量的变化,以及大气中二氧化碳含量(和施肥情况)的改变,关键是对作物的耕地面积和产量的影响。在一些地区,气温改变可能有利于种植,导致潜在产量增加,进一步可能导致需求的改变、贸易模式的改变、病虫害等。

(4)供水影响

供水系统通常被设计用来满足极端情况下的水源供应/需求状况,其短缺成本可以非常高。气候变化将使得世界许多缺水地区的问题更加恶化,为水资源短缺和严重的社会意外损坏留下隐患。

(5)健康影响

全球温度变化虽然直接导致致命影响的可能性小,但温度变化对健康产生的直接影响还是存在的。比如,容易感染如疟疾等寄生虫病和虫媒疾病的地区将扩大。此外,由于气候变化会影响粮食生产、水资源供应和海平面上升,给社会弱势群体带来的影响可能很大,特别是热带/亚热带国家中低收入人群格外显著。

(6)生态系统和生物多样性的影响

气候变化和海平面上升将改变生态系统和生物多样性,一些濒危物种灭绝的风险增加。大多数的主要生态系统都会受到影响,一些独立的生态系统风险更大,包括那些极其珍贵的独一无二的生态系统(如珊瑚礁)。最近的证据确定了海洋正在酸化,这是在大气中的二氧化碳含量上升时就能预料到的结果,这将会对海洋生态系统以及海洋和大气之间的空气产生巨大影响。

(7)极端天气事件

气候变化导致极端天气事件发生的可能性在增大,比如热浪、旱灾、水灾,还有潜在的风暴、热带气旋,甚至超级台风。但是需要指出的是,极端事件的频率和严重程度与平均气温并非线性相关。

(8)潜在重大事件,即潜在的灾难性的影响

包括南极西部大冰川的消融,格陵兰冰盖的减薄,甲烷爆发(包括失控的甲烷水合物),亚马孙森林的不稳定或崩溃,温盐环流的变化(海湾流的损失或逆转,大西洋深层水的变化,南大洋上涌/极地深层水的变化),印度季风的转变,撒哈拉植被稳定性的改变,西藏反照率的改变,恩索事件的触发,碳汇能力的降低及其他一些事件等。

二、温室气体特征

温室气体包括大气中的 CO_2、水蒸气、甲烷(CH_4)、氧化二氮(N_2O)、氯氟烃(CFCs)和 O_3 等。正常情况下,这些温室气体如 CO_2 在大气中只有万分之几,不但对人体无害,而且对人类来说,它几乎和氧气同等重要,提高 CO_2 浓度可增强植物的光合作用。但随着大气中 CO_2 含量的增加,将产生温室效应,导致地球变暖。实际上,温室气体产生的温室效应不仅与该气体在大气中的含量有关,而且与该温室气体在大气中停留时间(寿命)有密切的关系。表 5-1 列出了各种温室气体的含量、寿命、分担率和致暖势。

各种温室气体的特征值 表 5-1

温室气体	含量(体积分数)(10^{-6})	含量增长率(%)	寿命/年	分担率(%)	致暖势
CO_2	354	0.5	50~200	55	1
CH_4	1.7	1.1	11	15	32
N_2O	0.3	0.3	150	6	150
CFC-11	0.0002	5	75	17	14000
CFC-12	0.00032	5	111		17000

注:资料来自《交通运输领域温室气体减排与控制技术》(梅娟,范钦华,赵由才,等,化学工业出版社,2009)。

致暖势是评定温室气体对气候影响的指标，它是一个温室气体对气候变化的影响与CO_2对气体变化影响的比值。由表5-1可见，CO_2分担率为55%，是最重要的温室气体；CH_4的温室效应是CO_2的32倍，但寿命较短，在大气中的滞留时间为11年；氯氟烃（氟利昂、CFCs）是人工合成的化学品，广泛用作空调（包括汽车空调）、发泡剂、溶剂，其中起温室气体作用的主要是CFC-11和CFC-12，在大气中浓度极低，但近年来增长极快，年递增5%左右，它们的致暖势高达14000和17000，而且寿命长。

三、交通运输温室效应外部成本

交通运输温室效应外部成本主要指在交通运输过程中，所排放的CO_2等温室气体引致全球变暖而产生的经济损失。按照世界卫生组织的估算，全球性的气候变化导致每年超过10万人丧失生命，由此产生的经济损失相当于全球国内生产总值的5%。

第二节　估算思路与方法

将交通运输温室效应引起气候变化产生的总外部成本量化，一般方法是：

（1）将一个地区、区域或国家的运输工具按不同类别评估总运营里程数。

（2）用运营里程数乘以各种温室气体的排放因子（单位：g/km）。

（3）进一步用全球变暖潜能值（*GWP*）计算出与各种温室气体排放量相等的总CO_2排放量。

（4）用上一步得出的总CO_2排放量乘以一个外部成本因子（单位：欧元/t），以此来估计由全球变暖产生的外部成本总额。

温室效应估算思路如图5-1所示。

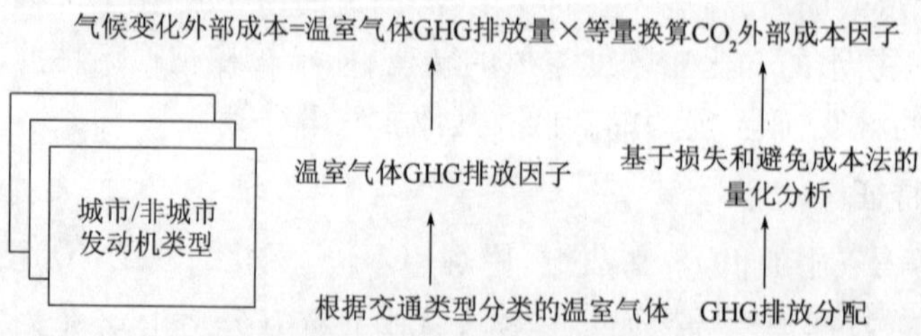

图5-1　温室效应估算思路图

对于估算交通运输的边际温室效应外部成本，其主要影响因素是燃料消耗量和燃料碳含量。因此，估算CO_2排放量的温室效应边际成本，可以根据各类燃料单位的二氧化碳排放量（1L的燃料燃烧的直接排放量）乘以CO_2排放成本来衡量，或者用各类燃料单位的二氧化碳排放密度（g/L）乘以排放每克二氧化碳的外部成本来表示。

一、一般方法论

核算温室效应引发气候变化的外部成本，通常有两种方法：损失成本法和规避成本法。

1. 损失成本法

损失成本法遵循影响途径法而来，用详细的模型去评估温室效应引起的各种影响，然后估计由各种影响带来的经济损失（Watkiss，2005a和2005b）。比如，海平面上升的成本可以用失去的土地来表示；农业的影响，可表示为生产者和消费者的成本或者收益；径流的变化也许能够通过估计新的洪灾损失来表示。但大多时候，用货币度量非市场的影响，如对生态系统和人类健康的影响，是比较困难的，需要专门的方法。为此，有人研究建立了相关的估值体系，包括对死亡风险降低、生态系统变化、生活质量提高的估值等。但是，在气候变化领域建立的估值体系往往颇具争议。首先，人们普遍缺乏对于全球变暖引发的物理影响的认识。有些影响比较确定，也经过了具体模型的证明，但是还有一些可能的影响，比如持续的洪水或者有着更强等级的飓风，就由于人们对全球变暖和这些影响之间的联系缺少信息而没有被考虑到。其次，有些像社会因素（如区域冲突）的影响就更难评估。具体来说，以损失成本为基础的估价研究中，影响估值效果的关键方面有：

(1)评估全球长期经济发展、科技发展与温室气体排放量和 CO_2 排放量边际外部成本关系；

(2)评估和分析温室效应引发社会和物理影响时，需要选定的因素，比如关于高海拔地区航空运输排放的影响；

(3)评估引发的社会和物理影响导致的经济损失；

(4)考虑到重要风险事件和气候的急剧变化；

(5)在不同地区赋予不同的影响权重；

(6)所用的时间跨度。

由 AEA 科技公司和代表英国环境食品农村事务部的斯德哥摩斯环境协会共同完成的碳社会成本（*SCC*）项目研究，发表了一份详细的损失成本法评估报告，该研究回顾了大量现有的估计损坏成本的研究，并将这些与自己的模拟结果进行比较。其中，碳社会成本是指相对于边际规避成本（*MAC*）的损失成本。

2. 规避成本法

规避成本法基于的是成本效益分析，即确定在达到减少温室气体排放（例如有关的政策要求达到的水平）目标的前提下，花费的最低成本，即这种方法估算的是有效规避二氧化碳排放所花费的成本。这种方法回避了评估气候变化导致的损失成本时涉及的不确定性。该方法对于不同的系统层次，目标水平可以具体化。例如，可以在一个国家内实行一个标准，欧盟实行一个标准，或全球都用一个标准，可以为交通运输部门单独设立一个标准，也可以所有部门共用一个标准。这种方法已经在一些研究中被推荐应用，比如 UNITE 和 ExternE 在《斯特恩报告》(2006)中进行了估算，还有《EC》(2007b)中，提供了关于运用规避成本法达成长期减排目标的信息。在规避成本估算方法中，影响估值效果的主要因素有：

(1)用来评估规避成本时，所选择的目标水平，需要注意以下几点：

①将要运用于哪个系统（比如，是为所有部门还是专为运输部门所用，是为一个国家/地区还是全世界所用）；

②基于科学依据，设定的目标水平值；

③政府和公众的接受性，形式上只有具有法律约束力、有国家法律或国际协定保障的有效指示，(社会)才会愿意为其付款；

④时间跨度（长期还是短期）。

(2)估算温室气体减排潜力的技术和非技术选项（既包括汽车层面，也包括制度层面）。

(3)评估为减少温室气体排放，各技术和非技术选项的未来成本。

(4)设定好在规避成本的评估中,技术和非技术选项使用的能源成本。

很多研究认为,规避成本法更可行,因为其更加透明。然而,需要考虑的是,一些政治决定,如关于减排目标(短期或长期)和减排范围(运输或所有部门,国家或国际),会直接影响到这种方法的结果。反过来看,可根据不同的每吨二氧化碳的外部成本,来决策确定减排的时间范围和承担的减排任务。

在欧盟,在这些政策的决策过程中,对运输部门的二氧化碳排放控制要求会高于本身所要求的二氧化碳外部成本因素,这无论是要满足《京都协议书》对减少排放的目标,还是对达到目前排放边际损坏成本的目标,都是富余的。这可以看作是欧盟促进使用更高的温室气体排放外部成本因数,使得运输方面的外部成本内部化的“特定偏好”。需要注意的是,像欧盟生物燃料指令之类的激励政策,不仅对全社会减排降碳有利,对推动技术发展和能源安全性的考虑也是有益的。

二、温室气体排放模型

构建交通运输温室气体排放量核算模型,主要分基于能耗统计和基于运输工具实验测试两大类。下面以机动车为例说明估算方法,其他交通工具模型可类比。

(1)美国环保署机动车温室气体排放估算方法

要估算一辆客车一年的温室气体排放量,主要包括以下六个步骤(这里对交通运输的温室气体排放量估算只涉及交通工具的使用过程,而不包括整个生命周期其他节能源消耗过程中排放的温室气体):

①确定燃烧汽油的 CO_2 单位排放量;

②估计汽车和轻型卡车的燃料使用经济性;

③确定车辆的行驶里程;

④确定除 CO_2 之外的温室气体排放量(CH_4、N_2O 和 CFCs);

⑤估计汽车和轻型卡车各自所占的比重;

⑥计算交通工具温室气体的年排放量。

(2)世界资源研究所机动车碳排放模型

世界资源研究所交通可持续研究中心的 Lee 等人提出交通中碳排放的计算公式:

$$G = A \times S_i \times I_i \times F_{i,j} \tag{5-1}$$

式中:G——交通系统排放的碳总量;

A——所有车型的车辆行驶里程;

S_i——各模式的车辆行驶里程分担率;

I_i——单位距离的油耗或排放量;

$F_{i,j}$——i 模式车辆 j 类油耗中的碳含量。

该方法提出后用于多个城市,如新加坡基于每五年一次的交通调查数据进行全国交通二氧化碳排放估算;河内分车型计算在不同政策下的 2020 年油耗排放情况;墨西哥、哥伦比亚分别使用该方法计算快速公交系统的排放情况。

(3)《IPCC 国家温室气体清单指南》机动车碳排放模型

《IPCC 国家温室气体清单指南》中能源部分提供了基准方法,燃料消费产生 CO_2 排放量的计算公式为:

$$C = \sum A_i \times EF_i \tag{5-2}$$

式中：C——CO_2 排放量；

A_i——第 i 种燃料的消费量；

EF_i——第 i 种燃料的排放因子。

$$EF_i = 低位发热量 \times 含碳量 \times 碳氧化率 \times 碳转化系数 \tag{5-3}$$

通过油耗推算二氧化碳排放的方法可以获取二氧化碳总量，用于总体测算，但是无法分析地区特色和不同交通条件，如道路系统服务水平以及诸多因素对二氧化碳排放量的影响。因此，除了利用油耗得到二氧化碳排放总量外，更需要利用各种先进的温室气体检测手段，研究温室气体与各种交通因素的关系。

三、温室效应成本估算模型

有了交通运输温室气体排放模型算出温室气体排放量，进一步结合单位温室气体的边际外部成本，以及其他温室气体对 CO_2 的折算系数，可以构建交通运输温室效应外部成本 EC 的估算模型如公式(5-4)所示：

$$EC = PC \times \sum_{j=1}^{m} C_j \times GQ_j \quad (j = 1,2,\cdots,m) \tag{5-4}$$

式中：PC——排放单位 CO_2 的外部成本；

C_j——第 j 种温室气体对 CO_2 的折算系数，即 j 类温室气体的致暖势因子，参见本章第一节温室气体特征；

GQ_j——第 j 种温室气体的排放量。

第三节　参数选取与结果

一、碳排放边际成本

碳排放边际外部成本取值，由于评估方法和研究范围不同而有差异，既取决于碳排放目标设定的清晰度和水平，又取决于减排降碳措施及达标成本的估量。很多研究只是指出了与气候变化成本有关的基本问题和不确定性，但并没有提供经审查的有信服力的数据。当前流行的市场碳交易，为我们考查碳排放边际成本提供了重要参考。

欧洲碳交易系统的价格是根据“京都协议书”的指标暂定的，在第二个时期内(2008—2012 年)的均衡价格实际上大约为 20 ~ 25 欧元/吨二氧化碳，这个可作为阶段内的参考值❶。此外，使用规避成本法来达到《京都议定书》的目标，边际成本为 19 ~ 20 欧元/吨二氧化碳。随着人们对全球变暖影响的了解更为深入，对损坏成本的估值更加准确，规避成本法已不再被推荐使用。最近，欧盟委员会和各成员国都建议收紧后京都时代的目标，提出 2020 年与 1990 年相比将减少 20% ~ 30% 温室气体排放目标，新的目标政策要求使用损失成本法评估，这一点在《后京都协议书》中被提到。

在 EC(2007a)❷中，欧盟拟议的战略就是利用影响评估来减少全球气候变化，使其与工业化前的差距缩小到 2℃，据此运用 POLES 和 GEME3 模型计算，2050 年全球温室气体排放

❶所有成员国都知道 2007 年的补助被超额分配，因此欧洲交易系统第一期接近于零的均衡价格不能作为参考值。

❷将全球气候变化限制在 2℃——2020 年以后的前进道路以及影响评估概要。

水平比1990年降低25%，对应的2050年的全球温室气体排放量会比1990年增长86%。按照这个基准方案，碳排放的交易价格会随着二氧化碳排放量的贸易需求而改变，随着时间推移，其成本将逐渐增加。研究结果表明，其价格将从2010年的15欧元/吨二氧化碳逐步增加至2030年的65欧元/吨二氧化碳，在2050年估计可直线上升到大约120欧元/吨二氧化碳。

关于碳排放边际成本，德国和瑞士的建议均值（如DLR，2006）为70欧元/吨二氧化碳，合理范围为20欧元/吨二氧化碳（《京都协议书》❶规定此为欧盟短期的平均价值）至280欧元/吨二氧化碳（长期战略和风险）。《HEATCO》（2006a）建议考虑碳的年排放量：对于2000—2009年间的排放量，推荐的边际成本取值为22欧元/吨二氧化碳（每吨二氧化碳14～51欧元）；对于接下来的几十年里的排放量，建议加大外部边际成本：2010—2019年为26欧元/吨二氧化碳，2020—2029年为32欧元/吨二氧化碳，2030—2039年为40欧元/吨二氧化碳，以此类推；至于2050年，推荐的外部成本为83欧元/吨二氧化碳（基于《Watkiss》的估算）。《Stern》（2006）运用PAGE2002模型，得出碳社会成本（损坏成本法）的初始值为85美元/吨二氧化碳，大概相当于70欧元/吨二氧化碳。

欧盟交通运输部门在制定政策时，为促进节能减排技术的应用，将交通运输相关的碳排放边际外部成本又进一步提高，那明显（高达10倍）高于20欧元/吨二氧化碳。详见以下例子：

（1）欧盟生物燃料指令，旨在使得2010年生物燃料在交通工具使用的能源中所占的份额达到5.75%。在提出的议案中，责成燃料生产商减少从油井到车辆使用所产生的温室气体排放，在2011—2020年之间要减少1%。第一代生物燃料被寄予了达到指令目标的厚望，每吨二氧化碳的规避成本将达到几百欧元。第二代生物燃料的规避成本将会有所下降，但仍然会保持在50～100欧元/吨二氧化碳。

（2）欧盟提出一项政策，希望2012年能减少新的乘用车的二氧化碳排放量到130g/km（COM，2007年）。各种可用的二氧化碳减排技术都被用来提高乘用车的燃油效率，使其降到50～150欧元/吨二氧化碳❷。

需要说明的是，整体经济的碳排放避免成本与运输部门的避免成本不同。比如，在一个高效率的气候变化政策中，运输部门的避免成本可能比平均避免成本要高。通常来说，为了避免特定部门的消极影响，针对不同部门需要确定不同的避免成本水平。

在研究制定边际成本时，需要关注以下几点：一是运用规避成本方法衡量短期外部排放成本，运用损坏成本法评估长期的温室气体排放外部成本。二是要明确研究的范围和区间。关于气候变化影响的充分估量，在用于正式的立法程序和内部化外部成本时，很重要。三是与气候变化有关的外部成本评估是高度政治化的，不能单纯地看作是科学研究。在运输部门还有其他领域，气候变化正成为政策制定时越来越重要的一部分，加之减少温室气体排放的目标正变得更加苛刻严厉，在确定损坏价值和避免价值时将会被尤其加倍重视。

根据以上分析评估，温室气体排放外部边际成本取值建议如表5-2和图5-2中列出的数据所示。

❶委员会提出的2012年后的目标是更为严格，可能会增加本单位的估计。

❷SEC（2007）60关于减少乘用车和轻型商用车二氧化碳排放量的社会战略的观察结果，影响评估以及委员会工作人员的工作文件，2007年，2月。

气候变化外部边际成本建议值(欧元/吨二氧化碳)　　表5-2

应用年份	成本值		
	下限值	中间值	上限值
2010	7	25	45
2020	17	40	70
2030	22	55	100
2040	22	70	135
2050	20	85	180

建议值是基于以下考虑确定的：

(1)短期之内(2010年和2020年)建议值是以避免成本法为基础。短期之内的平均值与美国证券交易委员会中的数值趋同。使用2010年和2020年避免成本数值的原因列举如下：

①2010—2020年存在着与避免成本相关的政策目标。

②2010年的主要目标在《京都议定书》中已经基本设定。

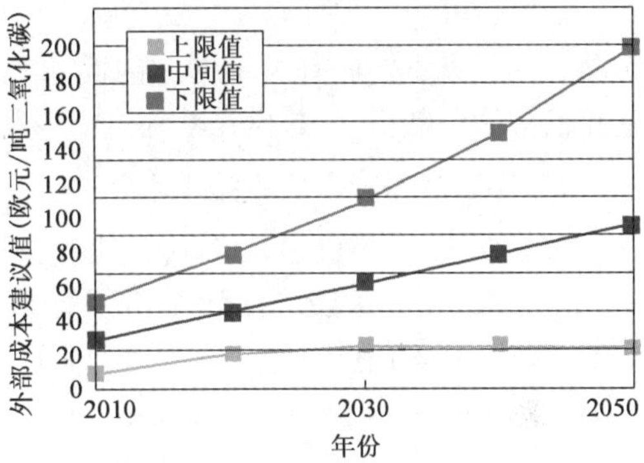

图5-2　气候变化外部成本建议取值

③当前,欧洲委员会和不同的成员国已经宣布了2020年的减排目标(与1990年相比减少20%到30%),并且2007年3月欧洲议会通过批准了欧洲委员会的目标。达到这些后《京都议定书》目标将会涉及比京都目标制定的20欧元/吨二氧化碳排放量更高的减排成本。

④避免成本的不确定范围比损坏成本的要小,这一点使避免成本的运用从政治以及实际的观点来看更加易于接受。

短期的成本取值与欧洲委员会或欧盟成员国将要实施的内部化政策高度相关。2010年平均值的选择比2010年美国证券交易委员会的数值稍高,这是为了反映欧盟对运输部门采取的措施比对其他部门有更高的避免成本这样一个事实(欧盟生物燃料指令,欧盟2012年减少新型客车二氧化碳排放量至130g/km的政策)。此报告推荐外部成本取值是为了达到内部化欧洲运输部门外部成本的目的,这与目前欧洲运输部门采用规避成本法制定的现存政策是相符合的。

(2)从长期来看(2030—2050年)建议值应以损坏成本法为基础。其原因如下：

①从环境影响评价角度看,损坏成本法比避免成本法更被普遍接受。即环境影响的外部成本是为了评估政策或是投资收益而对破坏环境的货币支付,是基于环境的损坏情况而非规避。

②长期以来还没有已获得批准的有关规避成本可以被评估的政策目标。

随着对全球变暖影响的观察更加深入,显示出与全球变暖有关的损坏成本比之前的评估要高(见Watkiss,2005a和2005b;Stern,2006),尤其是由于非线性的可能,突变的影响可能会在长期过程中发生。因此在近期的研究文献中,出现了一种趋于更高损坏成本的趋势。

边际损坏成本依赖于假定外部条件设置,其描述了全球温室气体的排放和方案条件下随着排放增加而增加的损坏成本。对于短期的温室气体排放政策应该运用当前的边际损坏成本,对于涉及长期决定二氧化碳排放的投资政策,则应该运用一个与未来二氧化碳排放成本相关的外部成本取值。

建议值是为不同年份的应用而具体指定的。长期的外部成本取决于描述全球不断增长的温室气体排放量的假设情景,并且在情景中随着时间根据排放量的增长而增长。对于短期的温室气体排放政策,可以基于当前的或是近期的避免成本。由于决定二氧化碳排放量的政策是在未来一定时期实施的,因此应该反映的是将来二氧化碳排放成本,此数值将会高于当下的排放数值。

此外,在国与国之间减少二氧化碳排放的目标各有不同,每个部门对自己制定的目标的解释也因国家不同而有所不同。因此,二氧化碳避免成本也可能因国与国的不同而不同。这里所展示的数值,只是供在欧洲水平下制定与气候变化相关的外部成本的参考。

二、交通运输碳排放边际成本

气候变化成本量化的是每吨污染物边际外部成本,可以用每单位燃料的污染成本来表示。基于表 5-2 中的数值,针对不同燃料二氧化碳排放量的生命周期评估值(Concawe,2007),可得到不同燃料的气候变化边际成本,如表 5-3 所示。其中,压缩天然气和欧洲混合气体的数值基于从距离大约 4000km 远的俄罗斯或中东进口的天然气。

道路运输中不同燃料单位边际气候变化成本

表 5-3

特征年	取值	汽油(欧元/L)	柴油(欧元/L)	液化石油气(欧元/L)	欧盟混合压缩天然气(欧元/m^3)	4000km 远处的混合天然气(欧元/m^3)
2010	下限	0.019	0.022	0.012	0.014	0.016
	中间	0.069	0.078	0.044	0.052	0.056
	上限	0.124	0.140	0.078	0.093	0.101
2020	下限	0.047	0.053	0.030	0.035	0.038
	中间	0.111	0.125	0.070	0.083	0.090
	上限	0.194	0.218	0.122	0.145	0.157
2030	下限	0.061	0.069	0.038	0.045	0.049
	中间	0.152	0.171	0.096	0.114	0.124
	上限	0.277	0.311	0.174	0.207	0.225
2040	下限	0.061	0.069	0.038	0.045	0.049
	中间	0.194	0.218	0.122	0.145	0.157
	上限	0.373	0.420	0.235	0.279	0.303
2050	下限	0.055	0.062	0.035	0.041	0.045
	中间	0.235	0.265	0.148	0.176	0.191
	上限	0.498	0.561	0.314	0.372	0.404

注:资料来源于 Concawe,2007 年。

在欧盟成员国,汽油和柴油的燃料税一般为 0.40 欧元/L。表 5-3 中显示每升近期外部成本大大低于所征收的燃料税,这是因为与温室气体排放相关的外部成本已经完全内化于欧洲的燃料价格。实际上，人们在欧洲所驾驶的车辆与美国相比，型号更小且耗油更少，但却对燃料和车辆征收相对高的税额。就本身而言，现在的燃油及车辆附加税如同一个高价格杠杆来减轻气候变化，虽然其主要的目的不在于此。

为达到欧盟减排目标，交通运输部门被寄予期望贡献更多力量。如果把外部成本的内部化作为促进欧洲车队燃料经济政策的工具，这些外部成本将内部化为燃油、车辆或是公里耗油的附加税。若只把现存的税额（燃料税）看作是已经内部化的外部气候成本，则将不会促进运输部门减少二氧化碳排放目标的实现。

表5-4列出不同车型和大小的车辆每公里排放成本。公路车辆的排放量是基于TREMOVE规范输出的。潜在的排放数据代表不同德国车辆在2005年的平均排放值。每一类车辆（如客车耗油量1.4~2L）的数值代表的是欧洲该类型车辆排放量平均值。

客货运列车、内河货运、航空运输的气候变化边际成本分别见表5-5~表5-7。

客车和货车气候变化边际成本[欧元/(车·km)]　　表5-4

车辆	型号	欧洲分类	大都市	城市	城际	高速公路	平均值
汽油客车	<1.4L	EURO-0	0.7(0.2~1.2)	0.6(0.2~1.1)	0.4(0.1~0.8)	0.5(0.2~1)	0.5(0.1~0.9)
		EURO-1	0.6(0.2~1.2)	0.6(0.2~1.2)	0.4(0.1~0.8)	0.4(0.1~0.8)	0.5(0.1~0.9)
		EURO-2	0.6(0.2~1.1)	0.6(0.2~1.1)	0.4(0.1~0.7)	0.4(0.1~0.7)	0.4(0.1~0.8)
		EURO-3	0.6(0.2~1.1)	0.6(0.2~1)	0.4(0.1~0.7)	0.4(0.1~0.7)	0.4(0.1~0.8)
		EURO-4	0.5(0.1~0.9)	0.5(0.1~0.9)	0.4(0.1~0.6)	0.4(0.1~0.7)	0.4(0.1~0.7)
		EURO-5	0.5(0.1~0.9)	0.5(0.1~0.8)	0.3(0.1~0.6)	0.3(0.1~0.6)	0.4(0.1~0.7)
	1.4~2L	EURO-0	0.9(0.2~1.5)	0.7(0.2~1.3)	0.5(0.1~0.9)	0.7(0.2~1.2)	0.6(0.2~1.1)
		EURO-1	0.8(0.2~1.4)	0.8(0.2~1.4)	0.5(0.1~0.9)	0.5(0.1~0.9)	0.6(0.2~1)
		EURO-2	0.7(0.2~1.3)	0.7(0.2~1.3)	0.5(0.1~0.8)	0.4(0.1~0.8)	0.5(0.1~0.9)
		EURO-3	0.7(0.2~1.2)	0.7(0.2~1.2)	0.4(0.1~0.8)	0.4(0.1~0.8)	0.5(0.1~0.9)
		EURO-4	0.6(0.2~1.1)	0.6(0.2~1.1)	0.4(0.1~0.7)	0.4(0.1~0.8)	0.5(0.1~0.8)
		EURO-5	0.6(0.2~1)	0.6(0.2~1)	0.4(0.1~0.7)	0.4(0.1~0.7)	0.4(0.1~0.8)
	>2L	EURO-1	1.0(0.3~1.8)	1(0.3~1.8)	0.6(0.2~1.1)	0.6(0.2~1.1)	0.7(0.2~1.3)
		EURO-2	1.0(0.3~1.7)	1(0.3~1.7)	0.6(0.2~1.1)	0.6(0.2~1.1)	0.7(0.2~1.3)
		EURO-3	0.8(0.2~1.5)	0.8(0.2~1.4)	0.5(0.1~0.9)	0.5(0.1~0.9)	0.6(0.2~1)
		EURO-4	0.9(0.2~1.6)	0.8(0.2~1.5)	0.5(0.1~0.9)	0.5(0.1~0.9)	0.6(0.2~1.1)
		EURO-5	0.8(0.2~1.4)	0.8(0.2~1.4)	0.5(0.1~0.8)	0.4(0.1~0.8)	0.5(0.2~1)
柴油客车	<1.4L	EURO-2	0.4(0.1~0.8)	0.4(0.1~0.8)	0.3(0.1~0.6)	0.3(0.1~0.6)	0.3(0.1~0.6)
		EURO-3	0.4(0.1~0.7)	0.4(0.1~0.7)	0.3(0.1~0.5)	0.3(0.1~0.5)	0.3(0.1~0.6)
		EURO-4	0.4(0.1~0.7)	0.4(0.1~0.7)	0.3(0.1~0.5)	0.3(0.1~0.5)	0.3(0.1~0.5)
		EURO-5	0.4(0.1~0.7)	0.4(0.1~0.7)	0.3(0.1~0.5)	0.3(0.1~0.5)	0.3(0.1~0.6)
	1.4~2L	EURO-0	0.5(0.1~1)	0.5(0.1~0.9)	0.3(0.1~0.6)	0.4(0.1~0.7)	0.4(0.1~0.7)
		EURO-1	0.6(0.2~1)	0.6(0.2~1)	0.4(0.1~0.8)	0.5(0.1~0.8)	0.5(0.1~0.9)
		EURO-2	0.6(0.2~1)	0.6(0.2~1)	0.4(0.1~0.7)	0.4(0.1~0.8)	0.5(0.1~0.8)
		EURO-3	0.5(0.1~0.9)	0.5(0.1~0.9)	0.4(0.1~0.7)	0.4(0.1~0.7)	0.4(0.1~0.8)

续上表

车辆	型号	欧洲分类	大都市	城市	城际	高速公路	平均值
柴油客车	1.4~2L	EURO-4	0.5(0.1~0.8)	0.5(0.1~0.8)	0.3(0.1~0.6)	0.4(0.1~0.6)	0.4(0.1~0.7)
		EURO-5	0.5(0.1~0.9)	0.5(0.1~0.9)	0.4(0.1~0.6)	0.4(0.1~0.7)	0.4(0.1~0.7)
	>2L	EURO-0	0.7(0.2~1.3)	0.7(0.2~1.3)	0.5(0.1~0.8)	0.5(0.1~0.9)	0.5(0.2~1)
		EURO-1	0.8(0.2~1.4)	0.8(0.2~1.4)	0.6(0.2~1.1)	0.6(0.2~1.1)	0.7(0.2~1.2)
		EURO-2	0.8(0.2~1.4)	0.8(0.2~1.4)	0.6(0.2~1)	0.6(0.2~1.1)	0.6(0.2~1.1)
		EURO-3	0.7(0.2~1.3)	0.7(0.2~1.3)	0.5(0.1~0.9)	0.5(0.1~0.9)	0.6(0.2~1)
		EURO-4	0.6(0.2~1.1)	0.6(0.2~1.1)	0.5(0.1~0.8)	0.5(0.1~0.9)	0.5(0.1~0.9)
		EURO-5	0.6(0.2~1.2)	0.6(0.2~1.2)	0.5(0.1~0.8)	0.5(0.1~0.9)	0.5(0.1~0.9)
货车	<7.5t	EURO-0	1.3(0.4~2.4)	1.3(0.4~2.4)	1.2(0.3~2.2)	1.2(0.3~2.1)	1.2(0.3~2.2)
		EURO-1	1.1(0.3~2)	1.1(0.3~2)	1(0.3~1.9)	1(0.3~1.9)	1(0.3~1.9)
		EURO-2	1.1(0.3~1.9)	1.1(0.3~1.9)	1(0.3~1.8)	1(0.3~1.8)	1(0.3~1.8)
		EURO-3	1.1(0.3~2.1)	1.1(0.3~2)	1.1(0.3~1.9)	1.1(0.3~1.9)	1.1(0.3~1.9)
		EURO-4	1.1(0.3~1.9)	1.1(0.3~1.9)	1(0.3~1.8)	1(0.3~1.8)	1(0.3~1.8)
		EURO-5	1.1(0.3~2)	1.1(0.3~2)	1(0.3~1.8)	1(0.3~1.8)	1(0.3~1.8)
	7.5~16t	EURO-0	2(0.6~3.7)	2(0.6~3.7)	1.8(0.5~3.2)	1.7(0.5~3)	1.7(0.5~3.1)
		EURO-1	1.8(0.5~3.2)	1.7(0.5~3.1)	1.6(0.4~2.8)	1.5(0.4~2.6)	1.5(0.4~2.7)
		EURO-2	1.7(0.5~3)	1.7(0.5~3)	1.5(0.4~2.7)	1.4(0.4~2.6)	1.5(0.4~2.6)
		EURO-3	1.8(0.5~3.2)	1.8(0.5~3.2)	1.6(0.4~2.8)	1.5(0.4~2.6)	1.5(0.4~2.7)
		EURO-4	1.6(0.5~3)	1.6(0.5~2.9)	1.5(0.4~2.6)	1.4(0.4~2.5)	1.4(0.4~2.5)
		EURO-5	1.7(0.5~3)	1.7(0.5~3)	1.5(0.4~2.7)	1.4(0.4~2.5)	1.4(0.4~2.6)
	16~32t	EURO-0	2(0.6~3.7)	2(0.6~3.7)	1.8(0.5~3.2)	1.7(0.5~3)	1.7(0.5~3.1)
		EURO-1	1.8(0.5~3.2)	1.8(0.5~3.2)	1.6(0.4~2.8)	1.5(0.4~2.6)	1.5(0.4~2.7)
		EURO-2	1.7(0.5~3)	1.7(0.5~3)	1.5(0.4~2.7)	1.4(0.4~2.5)	1.4(0.4~2.6)
		EURO-3	1.8(0.5~3.2)	1.8(0.5~3.2)	1.6(0.4~2.8)	1.5(0.4~2.6)	1.5(0.4~2.7)
		EURO-4	1.6(0.5~3)	1.6(0.5~2.9)	1.5(0.4~2.6)	1.4(0.4~2.4)	1.4(0.4~2.5)
		EURO-5	1.7(0.5~3)	1.7(0.5~3)	1.5(0.4~2.7)	1.4(0.4~2.5)	1.4(0.4~2.5)
	>32t	EURO-0	2.9(0.8~5.3)	2.9(0.8~5.3)	2.5(0.7~4.6)	2.3(0.6~4.1)	2.3(0.6~4.2)
		EURO-1	2.6(0.7~4.7)	2.6(0.7~4.7)	2.2(0.6~4)	2(0.6~3.6)	2(0.6~3.7)
		EURO-2	2.5(0.7~4.5)	2.5(0.7~4.5)	2.2(0.6~3.9)	2(0.5~3.5)	2(0.6~3.6)
		EURO-3	2.6(0.7~4.7)	2.6(0.7~4.7)	2.2(0.6~4)	2(0.6~3.6)	2(0.6~3.7)
		EURO-4	2.4(0.7~4.3)	2.4(0.7~4.3)	2.1(0.6~3.7)	1.9(0.5~3.3)	1.9(0.5~3.4)
		EURO-5	2.5(0.7~4.4)	2.4(0.7~4.4)	2.1(0.6~3.8)	1.9(0.5~3.4)	1.9(0.5~3.5)

注:1. 排放因素来源于 TREMOVE 基准案例(样版 2.4.1)。

2. 用 2010 年欧元价值作为计量单位。

客货运列车气候变化成本[欧元/(火车·km)]　　表5-5

列车类型			大都市			其他城区			非城区		
			间接排放	直接排放	总计	间接排放	直接排放	总计	间接排放	直接排放	总计
客运	电动	机车	11(3.1~19.8)	0(0~0)	11(3.1~19.8)	11(3.1~19.8)	0(0~0)	11(3.1~19.8)	11(3.1~19.8)	0(0~0)	11(3.1~19.8)
客运	电动	轨道列车	17.1(4.8~30.8)	0(0~0)	17.1(4.8~30.8)	17.2(4.8~30.9)	0(0~0)	17.2(4.8~30.9)			
客运	电动	高速列车							20.6(5.8~37.1)	0(0~0)	20.6(5.8~37.1)
客运	柴油机机车	机车	1.7(0.5~3)	8.6(2.4~15.5)	10.3(2.9~18.5)	1.7(0.5~3)	8.6(2.4~15.5)	10.3(2.9~18.5)	1.7(0.5~3)	8.6(2.4~15.5)	10.3(2.9~18.5)
客运	柴油机机车	轨道列车	2.2(0.6~4)	11.3(3.2~20.4)	13.6(3.8~24.4)	2.2(0.6~4)	11.4(3.2~20.6)	13.7(3.8~24.6)			
货运	电动	机车	30.7(8.6~55.2)	0(0~0)	30.7(8.6~55.2)	30.7(8.6~55.2)	0(0~0)	30.7(8.6~55.2)	30.7(8.6~55.2)	0(0~0)	30.7(8.6~55.2)
货运	柴油	机车	5.6(1.6~10.1)	29(8.1~52.1)	34.6(9.7~62.2)	5.6(1.6~10.1)	28.9(8.1~52.1)	34.6(9.7~62.2)	5.6(1.6~10.1)	28.9(8.1~52.1)	34.6(9.7~62.2)

注:1. 排放因素来源于TREMOVE基准案例(样版2.4.1)。

2. 间接排放是由电力牵引所产生的电能和内燃牵引所产生的燃料生产以及运输而引起的气候变化成本。

3. 大城市和其他城市货运列车的排放评估数值是基于大城市、非城市以及其他城市、非城市的客运列车比率的(电力和内燃机牵引)。大城市以及城市的货运列车排放数值不包括在TREMOVE的数据库中。

4. 用2010年欧元价值作为计量单位。

内河货运气候变化成本[欧元/(船·km)]　　表5-6

船　型	直接排放成本	船　型	直接排放成本
干货船<250t	0.08(0.02~0.15)	推驳船1000~1500t	0.56(0.16~1)
干货船250~400t	0.08(0.02~0.15)	推驳船1500~3000t	0.56(0.16~1)
干货船400~650t	0.11(0.03~0.2)	推驳船>3000t	1.14(0.32~2.05)
干货船650~1000t	0.17(0.05~0.3)	油轮<250t	0.08(0.02~0.15)
干货船1000~1500t	0.23(0.07~0.42)	油轮250~400t	0.08(0.02~0.15)
干货船1500~3000t	0.42(0.12~0.75)	油轮400~650t	0.11(0.03~0.2)
干货船>3000t	0.42(0.12~0.75)	油轮650~1000t	0.17(0.05~0.3)
推驳船<250t	0.56(0.16~1)	油轮1000~1500t	0.23(0.07~0.42)
推驳船250~400t	0.56(0.16~1)	油轮1500~3000t	0.65(0.18~1.18)
推驳船400~650t	0.56(0.16~1)	油轮>3000t	0.65(0.18~1.18)
推驳船650~1000t	0.56(0.16~1)		

注:1. 排放因素来源于TREMOVE基准案例(样版2.4.1)。

2. 用2010年的欧元价值作为计量单位。

航空运输中气候变化成本根据不同飞行距离表示为:欧元/(人·公里)或欧元/航次。排放量源于 TREMOVE。这些数值基于 2010 年排放每吨二氧化碳为 25 欧元的外部成本。把间接气候变化影响从飞行高度排放量中拿出来考虑,数值将会比依据巡航高度的分配高出 2 ~4 个因素。

航空运输气候变化边际成本[欧元/(人·km)或欧元/航次]　　表 5-7

航距(km)	直接排放量(除去非二氧化碳排量对气候的影响)	
	欧元/(人·km)	欧元/航班
<500	0.62(0.17 ~1.11)	130(40 ~230)
500 ~1000	0.46(0.13 ~0.83)	280(80 ~500)
1000 ~1500	0.35(0.1 ~0.62)	530(150 ~960)
1500 ~2000	0.33(0.09 ~0.6)	790(220 ~1430)
>2000	0.35(0.1 ~0.62)	3710(1040 ~6680)

注:1. 能源排放因素源于 TREMOVE 基础案例。
2. 用 2010 年的欧元价值作为计量单位。

第四节　估算应用案例分析

从世界范围看,交通运输是温室气体排放的三大主要“碳源”之一,约占全球 CO_2 排放 25%,而公路交通作为交通运输的重要组成部分,又占交通运输排放的 64%。在中国机动车保有量快速增长和庞大的燃油消耗下,构建模型测算机动车温室气体排放总量及其外部成本,并有针对性地提出节能降碳的管理与技术措施,变得越来越紧迫重要。根据上面提到的方法参数,结合我国公路交通实际,对 2011—2015 年中国公路交通的温室气体排放情况及其成本进行测算分析。

一、公路交通能耗量测算

在中国现有的统计体系中,没有与公路交通运输相对应的直接能耗量统计数据。考虑到数据可得性,且尽量采用统计数据提高数据质量,这里采用运输周转量和单耗两项统计数据,推算公路交通运输的总能耗量。计算模型如公式(5-5)所示。

$$FQ = \sum_{i=1}^{3} A_i \times TQ_i \tag{5-5}$$

式中:FQ——公路交通运输燃料消耗量;

A_i——第 i 种公路运输方式的单耗水平;

TQ_i——第 i 种公路运输方式的运输周转量;

i——公路运输方式,包括公路客运、货运、城市公交。

自 2011 年开始,我国交通运输统计体系中开始抽样统计公路交通运输的单位能耗水平。根据我国交通运输行业发展统计公报,2011—2015 年我国公路客运、货运、城市公交三种运输方式的运输周转量和单耗水平,如表 5-8 所示。

2011—2015 年我国公路交通运输能源消耗情况　　表 5-8

年份		2011	2012	2013	2014	2015
公路货运	周转量(亿 t·km)	51375	59535	55738	61017	57956
	单耗[千克标准煤/(百 t·km)]	2.2	1.7	1.9	2	1.9
公路客运	周转量(亿 t·km)	51375	59535	55738	61017	57956
	单耗[千克标准煤/(千人·km)]	11.3	11.7	11.6	12.1	12.6
城市公交	周转量(亿人)	1094	1141	1174	1190	1163
	单耗(吨标准煤/万人次)	1.4	1.4	1.5	1.4	1.5
总能耗	吨标准煤(万 t)	14728	13879	13656	15332	14110

注:城市公交客运量统计数据扣除了城市轨道交通客运量。

在我国能耗统计体系中,是按照交通运输、仓储和邮政业大类进行统计的,有了公路交通运输总能耗量,再按照大类统计中汽油和柴油消耗量比例,可以进一步推算得到公路交通运输汽油和柴油的消耗量,结果如表 5-9 所示。

2011—2015 年我国公路交通分类型能源消耗情况　　表 5-9

年份		2011	2012	2013	2014	2015
交通邮政仓储大类能耗	柴油(万 t)	9485	10727	10920	11746	12635
	汽油(万 t)	3374	3753	4381	5035	5786
	天然气(亿 m^3)	138	154	176	200	228
折算为标煤占比	柴油(%)	68	68	65	63	62
	汽油(%)	24	24	26	27	29
	天然气(%)	8	8	9	9	9
公路能耗	吨标准煤(万 t)	14728	13879	13656	15332	14110
其中	柴油量(万 t)	6827	6467	6088	6681	6004
	汽油量(万 t)	2429	2262	2442	2864	2750
	天然气(亿 m^3)	99	93	98	114	108

注:1. 按能量比,1t 汽油等于 1.4714 吨标准煤,1t 柴油等于 1.4571 吨标准煤,1 万 m^3 天然气等于 12.143 吨标准煤。
2. 公路交通燃料消耗量主要为柴油、汽油和天然气三类,煤油等其他能源占比较少,计算并入前三类一起考虑。
3. 在现有能耗统计数据中,能耗占比数据目前只公布到 2013 年,之后的比例数据按趋势法外推而来。

二、温室气体排放量测算

本研究在充分研究国内外各种温室气体排放测算模型的基础上,结合中国公路运输能源消耗统计数据可得性和 IPCC 发布的各种燃料类型的温室气体排放因子,构建中国公路运输行业碳排放量核算模型,如式(5-6)所示。

$$GQ_j = \sum_{k=1}^{n} B_{kj} \times FQ_k \tag{5-6}$$

式中:GQ_j——j 类温室气体的排放量;

B_{kj}——k 类燃料的 j 温室气体排放系数；

FQ_k——k 类燃料的消费量。

温室气体排放因子 B_{kj} 的确定，采用式(5-7)，具体如下。

$$EF_i = 低位发热量 \times 含碳量 \times 氧化率 \times 碳转化系数 \tag{5-7}$$

其中，低位发热量是指每单位质量或体积的化石燃料完全燃烧的发热量，也称净热值；含碳量是指燃料的单位热值的碳排放量；氧化率是指碳被氧化的比率；碳转化系数是指碳转化为二氧化碳的系数，为44/12 = 3.67。

根据《应对气候变化报告(2009年)》，各种类型燃料的低位发热量、含碳量、氧化率见表5-10，根据式(5-7)计算可得汽油、柴油、天然气的碳排放因子分别为：2.98tCO_2/t，3.16tCO_2/t，2.18tCO_2/t。

另外，根据《中国道路交通部门能源消费和GHG排放全生命周期分析》，可计算出其他燃料的其他温室气体 CH_4、N_2O 排放系数，见表5-10。

各种燃料类型的 CO_2、CH_4 和 N_2O 排放系数　　表5-10

燃料类型	低位发热量(kJ/kg)	含碳量①(kgCO_2/TJ)	氧化率②	CO_2 排放系数③(tCO_2/t)	CH_4 排放系数(tCH_4/t)	N_2O 排放系数(tN_2O/t)
柴油	42650	20.20	1	3.16	0.55	0.09
汽油	43070	18.90	1	2.98	3.83	0.09
天然气	38931	15.30	1	2.18	0.28	0.04

注：1. 资料来源于《应对气候变化报告(2009年)》。

2. ①各燃料的潜在排放因子来源：2006 IPCC Guidelines for National Greenhouse Gas Inventories Volume2 Energy，取各燃料排放因子的95%置信区间下限制；

②依据2006 IPCC Guidelines for National Greenhouse Gas Inventories中的内容，缺省值设为1；

③燃料热值使用的是低位发热量数据，计算出的排放因子可能与其他文献稍有出入。

根据前面计算有了公路交通能耗情况，根据所述温室气体排放模型和温室气体排放系数，可计算2011—2015年营业性机动车 CO_2、CH_4 和 N_2O 等温室气体的排放量，详见表5-11。其中，CH_4、N_2O 的致暖势分别为 CO_2 的32倍、150倍。

2011—2015年我国道路运输业营业性机动车温室气体排放情况(万t)　　表5-11

年份	燃料类型	燃料量	CO_2 排放量	CH_4 排放量	N_2O 排放量	折合 CO_2 排放量
2011	柴油	6827	21575	3755	614	233908
	汽油	2429	7237	9302	219	337680
	天然气	99	1408	181	26	11067
	合计		30220	13238	859	582654
2012	柴油	6467	20435	3557	582	221551
	汽油	2262	6742	8665	204	314577
	天然气	93	1316	169	24	10343
	合计		28493	12391	810	546472
2013	柴油	6088	19238	3348	548	208578
	汽油	2442	7279	9355	220	339603
	天然气	98	1390	179	26	10932
	合计		27907	12882	793	559113

续上表

年份	燃料类型	燃料量	CO_2 排放量	CH_4 排放量	N_2O 排放量	折合 CO_2 排放量
2014	柴油	6681	21112	3675	601	228892
	汽油	2864	8534	10968	258	398172
	天然气	114	1614	207	30	12688
	合计		31260	14850	889	639752
2015	柴油	6004	18973	3302	540	205697
	汽油	2750	8195	10533	248	382360
	天然气	108	1530	197	28	12032
	合计		28698	14031	816	600089

注：其中天然气燃料量计量单位为亿 m^3，常压下 1 万 m^3 的天然气折合 6.5t。

三、单位温室气体边际外部成本取值

联合国《政府间气候变化框架公约》(IPPC)估计每排放 1t CO_2，其成本约在 5 ~ 25 美元之间(1990 年价)。美国研究委员会(1991 年)提出，在美国每吨 CO_2 的成本应该在 10 ~ 20 美元的范围之间。根据最新相关资料，国际市场上碳排放交易价格一般在每吨 17 欧元左右，而国内的交易价格在 100 ~ 150 元左右。比照这些参考值，结合中国国情实际，本研究中按每吨 CO_2 以 120 元来估算我国公路交通行业温室气体排放的成本。

四、公路交通温室效应外部成本测算

按每吨 CO_2 以 120 元计，可求得我国公路交通运输温室气体排放成本，以及单位换算周转量所排放温室气体的外部成本。进一步还可求得我国公路交通行业温室气体外部成本占 GDP 的比重，如表 5-12 所示。

2011—2015 年公路交通运输温室气体排放成本及占 GDP 比重 表 5-12

年份	公路客货换算周转量(亿 t·km)	温室气体外部成本(亿元)	单位周转量温室气体成本[元/(t·km)]	占 GDP 的比重(%)
2011	53051	6992	0.13	1.44
2012	61382	6558	0.11	1.23
2013	56863	6709	0.12	1.14
2014	62225	7677	0.12	1.21
2015	59030	7201	0.12	1.06

注：营业性道路运输换算周转量(换算 t·km) = 货物周转量 + 旅客周转量/10。

从公路交通运输行业总体来看，2011—2015 年温室效应外部成本不断增长，单位周转量温室气体成本稳中有降，说明公路交通运输所引起的温室效应外部成本的增长速度小于公路换算周转量的增长速度，可见公路交通行业近年来正逐步向着低碳交通的方向发展。同时，随着我国整体经济的快速发展，经济规模增速明显，相应的交通运输温室效应外部成本占 GDP 的比重也逐年下降。

第六章　噪声污染外部成本

交通运输的载运工具汽车、飞机、船舶等，在运输过程中是一种流动性的噪声声源。他们产生的噪声，是环境噪声污染的主要噪声源之一，约占城市噪声的70%。而由于噪声污染的受害者不只交通使用者，还包括更多的非使用者，并且环境、健康这种要素并没有纳入市场交易价格体系中，因此交通运输噪声污染属于典型的交通运输外部成本。

第一节　噪声污染及外部成本内涵

一、交通噪声污染

噪音可以被定义为人们不愿听到的、持续的、密集的声音，或者其他能够引起人类生理或心理伤害的声音。噪声的基本衡量单位是分贝，这个单位体现了人耳对于声音压力的反应，是一个对数的概念。典型的交通运输噪声污染，如航空运输的噪声，这是一个特别的消极影响，在许多地区，政府都会在诸如机场等噪音制造"大户"附近设立封锁线来降低噪声，包括不允许征用封锁线以内的土地建房子。

噪声和交通流量之间的关系也能够反映噪声对数的本质，即无论现行的交通流量如何，减半或增倍交通流量会导致噪声发生3分贝的变化。具体来说，不管是交通流量由50辆车/h增加到100辆车/h，还是由500辆/h增加到1000辆/h，噪声都会发生同样的变化(3分贝)。由于噪声和交通流量之间具有对数关系的本质，因此，噪声边际成本与现存的交通流量密切相关。把现有的交通流量每增加一辆车时，增加的噪声成本称之为是噪声污染边际成本。如果现有的交通流量已经很大了，那么增加一辆车对现有的噪声成本几乎没有影响。由于这种边际成本递减作用，对于中、高交通流量，噪声边际成本也有可能降低到平均噪声成本之下。而在一些情况下，由于公路运输经常交替经过重污染地区以及不同交通负荷地区，运输噪声成本会超过平均成本。

二、噪声污染外部成本

噪声外部成本主要包括消极情绪和健康成本。消极情绪成本主要依据个人情况而定(通过指定的方法或者个人偏好法来确定)，然而健康成本(特别是噪声引起的心脏病风险)是根据剂量反映的数据来确定。由于噪声边际成本随着交通工具音量的增加而减少，因此成本的定义和计算方式十分关键，而且要根据不同情况有所区别。此外，噪声还会对动物和器物等产生不良影响。具体来说，噪声的危害主要表现为：

(1)消极情绪影响

交通噪声会干扰人的情绪，抑制人的欢愉，引起不适、难受等消极情绪等。这里，假设交通噪声对人类健康潜在的、长期的影响与人们可以觉察到的消极情绪影响是相互独立的。

(2)干扰休息睡眠

连续噪声会影响人的睡眠质量,突发噪声会使人惊醒,老年人和病人对噪声更为敏感,易引起失眠、耳鸣、疲劳等神经衰弱症状。据研究,40 分贝的连续噪声可使 10% 的人睡眠质量受影响,70 分贝的连续噪声则使受影响人数增至 50%;突发噪声在 40 分贝时可使 10% 的人惊醒,60 分贝则使 70% 的人惊醒。高速公路和机场附近高强度的噪声,对居民睡眠质量的影响更为严重。

(3)身体健康影响

交通噪声也会造成人身体上的损坏,据研究,85 分贝以上的噪声会造成听力损坏,同时更低一些的噪声(高于 60 分贝)可能会引起情绪紧张,压力过大,比如心跳频率的变化、血压的增高和激素的变化。130 分贝以上的强烈噪声会引起眼震颤及眩晕;噪声会使交感神经紧张,引起心跳加速、心律不齐、血压升高,诱发心肌梗塞等疾病;噪声作用于中枢神经,会引起消化不良及食欲不振,使人易患胃溃疡等肠胃病。

(4)对建筑和仪器的损坏

大于 130 分贝的强烈噪声,会使一些电子仪器连接部位松动或位移,从而发生故障;当噪声级超过 140 分贝时,强烈的噪声会使轻型建筑物损坏,比如当飞机作低空超音速飞行时,强烈的"轰声"会使门窗损坏、墙面开裂、屋顶掀起等。

(5)对动物的影响

突发的噪声,会影响动物的栖息。强噪声会使鸟类羽毛脱落,甚至内出血死亡。

三、噪声污染主要因素

噪声污染的大小不但与声压、声强、频率、起伏变化程度等自身因素有关,还与产生时刻、现有噪声情况、周围受体情况等有关。

(1)噪声产生时间

相比其他时间,夜间的噪声污染会造成更高的噪声边际成本。为此,2002/45/欧洲委员会指令要求成员国用加权法(欧洲委员会,2002c)绘制环境噪声地图。该方法在计算一天的噪声成本时,用加权的方法,即相比白天而言,傍晚的噪声有 5 分贝的加权,晚上的噪声有 10 分贝的加权。

(2)现有噪声状况

现存的噪声越大,增加交通流量带来的噪声边际成本就越小。比如,相比乡间小路而言,在繁忙的城市公路上增加交通流量,产生的噪声边际成本较小。

(3)噪声源附近受体情况

包括暴露在噪声下的人群规模和与噪声排放源的距离关系。越靠近噪声排放源,受到的损伤就越大,噪声边际成本也就越高。例如,在其他条件都相同的情况下,一架飞机在人群聚居地的机场起飞造成的噪声边际成本,比一架在靠近农村地区的机场起飞的飞机要高。

实际中,对于许多欧洲国家来说,并不能直接得到暴露在噪声下的具体人数。对此,可以参照 2002/49/欧洲委员会指令发布的噪声地图来解决。噪声地图涵盖了任何一个人数超过 100000 的居民区,每年交通流量超过 300 万辆机动车的公路,每年承担超过 30000 辆火车运行任务的铁路以及每年有超过 50000 次飞行行动的机场,上面提供了上述这些地区暴露在噪声污染下的人数。

由于海洋运输及内陆水路运输噪声排放因数很低，而且大多数噪声排放活动都在非人口聚居地进行，其噪声边际成本可以忽略不计。

(1)公路运输噪声因素

在公路运输中，噪声主要来自动力装置和机械旋转的声音。这两种噪声来源的比例由车辆的速度决定。除了车速，车辆的类型（比如，重型卡车）、轮胎的类型和车辆的维修状态都是噪声成本的重要动因。和这些动因息息相关的噪声成本动因还包括车辆的使用年数、公路的坡度和路面的种类（包括噪声墙）。在城市，驾驶行为（比如说增速）也是一个相关的成本动因。

(2)铁路运输噪声因素

铁轨上钢轮的转动是火车产生噪声的主要原因（欧洲委员会，2003）。火车的噪声排放取决于火车的速度、客车/货车的类型、轮子和铁轨的表面状况以及火车的类型（包括火车的维修状态）。除此之外，刹车装置的类型、火车的长度以及噪声墙的出现也是相关的动因，尤其是刹车装置的类型，它对噪声成本有着重要的影响。例如，安德森和奥格润在2007年证明如果将货车的刹车片由铁换为复合材料，噪声就会降低8分贝。

(3)航空运输噪声因素

飞机的噪声主要是由飞机的起飞和降落活动产生的。因此，飞机的类型和起落方式是影响噪声成本的重要元素。此外，发动机的类型也是飞机重要的噪声成本动因。

(4)水路运输噪声因素

主要包括，港口装卸机械、辅助机械等设备产生的机械噪声；集疏港汽车、火车、船舶的交通噪声；船舶主柴油机、发电机和螺旋桨产生的船舶噪声以及水动力噪声等。

第二节　估算思路与方法

一、估算思路

为了测算交通运输噪声污染的外部成本，需要三方面的要素：首先，需要确定交通运输噪声污染的排放量；其次，确定受到噪声污染影响的范围和对象，这方面可以参照2002/49/欧洲委员会指令发布的噪声地图；最后，估算交通运输每单位噪声污染对人情绪、健康等方面造成的损失，对交通运输空气污染进行货币化，具体过程如图6-1所示。

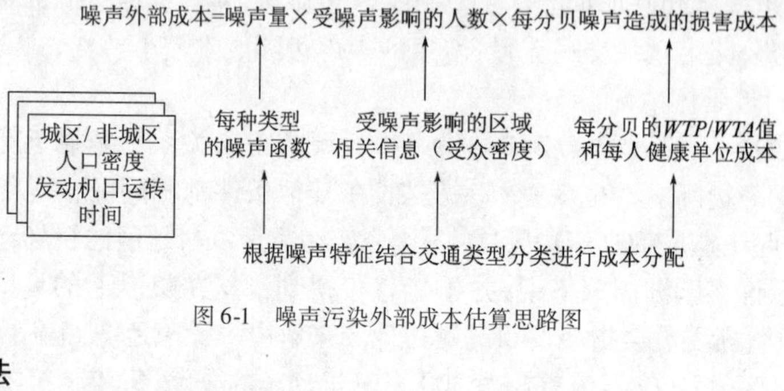

图6-1　噪声污染外部成本估算思路图

二、估算方法

估算噪声污染外部成本方法主要有两种：自下而上法和自上而下法。NFRAS/IWW（2003，2004a）和UNITE（2003b）使用自下而上法，为所有的交通运输方式提供了估算噪声污染边际成本的方式,GRACE(2005)进一步对UNITE方法论的提高提出了建议。而关于自上而下法的研究,ECMT(1998)和INFRAS/IWW(2004a)是最完整的。

(1)自上而下法

这种方法研究起点着眼于宏观层面,例如一个国家。在这个层面,总体噪声成本是固定的。自上而下法基于的是愿意支付赔偿金或者愿意接受赔偿金,即噪声打扰了人们安静的生活,危害了人们的健康,这些赔偿金用以补偿这些损失。多数情况下,是通过估算暴露于交通噪声的人群,并将其乘以对降低噪声的平均支付意愿价值来获得的。此外,有时候暴露于交通噪声的人群也会乘以健康成本的平均价值。为了提升总体噪声成本的估算质量,不同等级的噪声级别(如5分贝)会被加以区分,并确定与其各自对应的暴露人群、支付意愿和健康成本数据进行估算。然后,根据交通运输车辆规模,将总体噪声成本分摊到单位交通车辆。其中,车辆里程往往被用于估算总体噪声排放中不同交通方式的比例。这种方法获得的是平均噪声成本。

(2)自下而上法

自下而上法是在ExternE项目中发展而来的,通常被称为"影响路径方法"。这种方法从微观角度出发,如特定路线的交通情况。这种方法需要考察计算两种情况:一是根据当前交通量、速度、车辆技术等实际参数,计算出当前情况;二是以参考基准情况计算出基准情况。两种情况的成本差异则代表了车辆的边际外部噪声成本。一般而言,这种方法有五个步骤:

步骤一:估算两种情况下的每辆车辆的排放状况,以分贝为单位,即dB(A)。这需要模仿声音的扩散,接收者所接收的声音水平是由声音传播、空气衰减、地面衰减、屏蔽衰减、反射和气象状况所决定的。

步骤二:确定不同噪声水平对人类健康、厌烦度等的影响,这些影响可通过"剂量反应"关系来衡量。

步骤三:估算暴露于不同噪声环境水平的人群数量,暴露人口基本取决于地理居住模式和城市化类型。

步骤四:建立暴露于噪声和各种不同的健康和福利效应之间的关系,并在这种关系的基础上预测噪声排放的健康和情绪影响。

步骤五:计算对健康和其他福利效应影响的货币价值,货币价值可通过使用市场价格法或条件估值法来评估。

计算边际噪声成本的流程需要相当充分的数据和时间。因此,要获得遍布欧洲所有路线区段的详细评估是不可能的,应该推广选定案例的研究结果。

(3)两种方法对比

自上而下法和自下而上法得出的结果是不同的。自上而下法得到的是平均噪声成本,而自下而上法获取的是边际噪声成本。从理论的观点看,自下而上法更好,因为它考虑了会直接影响边际噪声成本规模的本地因素(如交通密度、车辆组合等)。这些因素在自上而下法中是不被考虑的,因此估算的是平均成本而不是边际成本。然而,单纯的边际成本是否适用于内部化策略仍可质疑。由于噪声的对数属性,向本来就密集的交通流中添加额外车辆几乎不会增加现有噪声水平;但一辆在闲适的农村公路上的车辆会导致高额的边际成本。

因此,这种本地因素(如交通密度、时段)和边际噪声成本之间的复杂关系,使得在内部化策略中使用单纯边际成本几乎是不可能的。此外,在欧洲所有路线区段案例研究中很难推广边际成本研究的结果。

在实际应用中,应注意以下事项:

①武断地认为噪声的标准是恒定不变的。在一些研究中,50 分贝的声音被定义为噪声,但是在另一些研究中,55 分贝甚至 60 分贝才算得上噪声。实际上,界定噪声边际成本的门槛很多。1998 年的欧洲交通部长会议证实,将噪声的门槛由 50 分贝提高到 55 分贝,使得产生噪声的轿车数量下降了 50%。

②评价交通噪声的影响可以利用不同的方法。在一般情况下,可以利用市场价格法衡量健康影响(疾病成本)。然而,对于其他消极影响来说,就不能使用市场价格了,应该使用支付意愿法。支付意愿法反映的是抑制噪声措施的个人支付偏好。噪声敏感指数(*NDSI*)是应用支付意愿法的工具,反映的是引起每分贝噪声变化的支付意愿变化。需要注意的是,在评估噪声外部成本时,规避成本法这样的评估法,几乎不会被用到。

③关于危重患者或死亡成本的估计,这方面与空气污染引发的健康成本的不确定性相似。

第三节　参数选取与结果

(1)平均噪声成本。交通噪声的外部成本,推荐采用以每分贝人均收入的 0.09% ~ 0.11% 来计算支付意愿价值。这个支付意愿价值与 Navrud 在 2002 年向欧盟推荐的支付意愿价值范围相一致(Navrud,2002)。从理论角度来说,最好选择可以对应于不同干扰等级的支付意愿价值,而不是单一的对应于每分贝的支付意愿价值,但几乎没有研究可以证明能够提供这样一个可靠的数据。

(2)生命成本估值。建议每个生命的年价值损失为 50000 ~ 75000 欧元,这个数据与 ExternE 最近的大部分研究相一致(NewExt,2004;ExternE,2005,同样也在 2006 年被德国联邦环境署采用),也与大约为 100 万欧元的统计生命价值相一致。

(3)医疗费用成本。这一点,各方研究有高度的一致性,在 UNITE(2003b)、UBA(2006a,2006b)和 RECORDIT(2001)等研究中,所反映的价值情况基本相同。表 6-1 呈现了在 ExternE 基础上 UNITE(2003b)的研究结论。

噪声影响的货币价值(欧元)　　表 6-1

心肌梗塞(不致命,住院 8 日,在家休息 24 日)	
医疗费用	4700
误工费	2800
支付意愿价值	15000
个案总成本	22500
心绞痛(严重,不致命,住院 5 日,在家休息 15 日)	
医疗费用	2950
误工费	1750

续上表

心绞痛(严重,不致命,住院5日,在家休息15日)	
支付意愿价值	9400
个案总成本	14100
高血压(住院治疗,住院6日,在家休息12日)	
医疗费用	1800
误工费	1575
支付意愿价值	550
个案总成本	3925
睡眠被干扰导致的医疗费用(每年)	200

注:1. 通过 CEDelt 校正人均国内生产总值发展速度资料,数据来源于 UNITE(2003 年)。
2. 用 2002 年的欧元价值作为计量单位。

一、平均噪声成本

对于暴露于噪声下,平均每人每年每分贝噪声成本,推荐使用 HEATCO(2006a)研究提供的结果,表 6-2 以德国为例展示了相关研究结果。这些价值是覆盖日夜情况的加权平均数。为将平均噪声成本分配至不同模式,建议使用表 6-3 中的权重因素。注意通过这种方法得出的是平均噪声成本而非边际噪声成本。

德国平均噪声成本[欧元/(人·年)]　　表 6-2

Lden[dB(A)]	公路	铁路	航空
≥51	9	0	14
≥52	18	0	27
≥53	26	0	41
≥54	35	0	54
≥55	44	0	68
≥56	53	9	82
≥57	61	18	95
≥58	70	26	109
≥59	79	35	122
≥60	88	44	136
≥61	96	53	149
≥62	105	61	163
≥63	114	70	177
≥64	123	79	190
≥65	132	88	204
≥66	140	96	217
≥67	149	105	231
≥68	158	114	245

续上表

Lden[dB(A)]	公路	铁路	航空
≥69	167	123	258
≥70	175	132	272
≥71	233	189	334
≥72	247	204	354
≥73	262	218	373
≥74	277	233	393
≥75	291	248	412
≥76	306	262	432
≥77	321	277	451
≥78	335	292	471
≥79	350	306	490
≥80	365	321	509
≥81	379	336	529

注:1. 资料来源于 HEATCO,2006a。

2. 用2002 年的欧元价值作为计量单位。

不同类型交通模式的加权因素 表 6-3

公路	城区(50km/h)	其他公路(80km/h)
汽油客运车	10	10
柴油客运车	12	10
液化气轿车	10	10
助力车	98	30
摩托车	132	42
公共汽车	98	33
小货车	15	12
独立载重车,全重小于 12t	98	30
独立载重车,全重大于 12t	132	42
拖车载重车	166	55
铁路	—	—
客运列车	1	—
货运列车	4	—

注:资料来源于 CEDelft,2004a。

二、边际噪声成本

单位交通量的边际噪声成本并不能通过平均噪声成本数值计算得来,下面采用 INFRAS/IWW(2003,2004)的研究成果进行说明。

(1)公路与铁路运输

对公路交通来说,通过对不同研究成果的比较,结果显示 INFRAS/IWW(2004a)提供的结果是一个有效的欧洲平均水平,它的确定基于噪声曝光公式、参数值和分化等级,并且根据不同的交通状况、抵离条件和当时天色(白天和黑夜),展现了结果的明显差别性。这些成本数值,与其他重要研究,例如 UNITE(2003b)、RECORDIT(2001)所发现的价值是一致的。

对于铁路交通来说,建议使用 INFRAS/IWW(2003)提供的边际成本,这也是唯一一个对铁路噪声成本进行具体研究的报告。它运用了与 INFRAS/IWW(2004a)相同的方法,但研究结果并不包含城区噪声估值,城区噪声成本估值是通过利用城际区域和城市区域之间的比例而得出的。这项研究提出的成本价值与其他重要研究,例如 UNITE(2003b)、RECORDIT(2001)是一致的。

公路与铁路交通的推荐边际噪声成本如表 6-4 表示。

公路与铁路交通不同网络形态下的边际噪声成本[欧元/(车·km)]　　表 6-4

交通类型	时间	城　区	郊　区	农　村
汽车	白天	0.76(0.76~1.85)	0.12(0.04~0.12)	0.01(0.01~0.014)
	夜晚	1.39(1.39~3.37)	0.22(0.08~0.22)	0.03(0.01~0.03)
电动车	白天	1.53(1.53~3.70)	0.24(0.09~0.24)	0.03(0.01~0.03)
	夜晚	2.78(2.78~6.74)	0.44(0.16~0.44)	0.05(0.02~0.05)
公共汽车	白天	3.81(3.81~9.25)	0.59(0.21~0.59)	0.07(0.03~0.07)
	夜晚	6.95(6.95~16.84)	1.10(0.39~1.10)	0.13(0.06~0.13)
激光引导车	白天	3.81(3.81~9.25)	0.59(0.21~0.59)	0.07(0.03~0.07)
	夜晚	6.95(6.95~16.84)	1.10(0.39~1.10)	0.13(0.06~0.13)
载重车辆	白天	7.01(7.01~17.00)	1.10(0.39~1.10)	0.13(0.06~0.13)
	夜晚	12.78(12.78~30.98)	2.00(0.72~2.00)	0.23(0.11~0.23)
客运列车	白天	23.65(23.65~46.73)	20.61(10.43~20.61)	2.57(1.30~2.57)
	夜晚	77.99	34.40	4.29
货运列车	白天	41.93(41.93~101.17)	40.06(20.68~40.06)	5.00(2.58~5.00)
	夜晚	171.06	67.71	8.45

注:数值区间的下限是基于较为密集的交通状况,而上限则是基于稀疏的交通状况。选择的中位值则基于各个区域集群的主要交通状况:城区是密集状况而郊区和乡村是稀疏的交通状况。

(2)航空运输

航空运输的噪声成本与当地因素(例如机场附近的人口密度)、航线、飞机型号和技术以及时刻息息相关,因此并没有一个可以运用在所有情形中的一般成本价值(或范围),只能进行特定案例分析,综合考虑机场特有的数据来确定。例如考虑人口密度、航线与飞机型号和技术等。下面给出的是几个不同机场的评估噪声边际成本(表 6-5、表 6-6)。

法兰克福机场的边际噪声成本(欧元/起降)　　表 6-5

飞机型号	07L(向东航线)			25R(向西航线)		
	白天	夜晚	午夜	白天	夜晚	午夜
737-800	32.4	77.0	240.8	29.0	69.0	216.4
747-200	71.6	170.0	524.0	55.8	132.4	412.6
747-400	128.0	304.0	934.0	113.6	269.4	836.6

续上表

飞机型号	07L(向东航线)			25R(向西航线)		
	白天	夜晚	午夜	白天	夜晚	午夜
767-300	42.6	101.2	316.0	34.6	82.0	257.2
A300-62	77.8	184.6	572.0	76.6	181.6	567.8
A319	14.6	34.4	108.8	12.8	30.6	96.6
A320	26.0	61.8	194.4	23.2	54.8	193.0
A340	51.6	122.4	385.8	54.0	127.8	403.4
ATR72	7.2	17.2	53.8	1.6	3.8	11.8
DHC8	2.6	6.2	19.6	0.2	0.4	1.4
EMB145	7.0	16.6	52.0	2.2	5.2	16.2
MD82	9.2	21.8	68.6	3.4	8.2	26.2

注:资料来源于 Ökoinstitut/DIW,2004。

伦敦希斯罗机场的边际噪声成本(欧元/起降)　　表 6-6

飞机型号	边际噪声成本	飞机型号	边际噪声成本
A210	92.3	B757	63.5
A340	111	B767-300	77.9
Bae146	21.6	B777	47.6
B737-100	326	F100	17.3
B737-400	49.1	MD82	70.7
B747-400	242		

注:资料来源于 TRL,2001。

UNITE(2002d)估算的波音 737-400 在伦敦希斯罗机场的边际噪声成本是 59 欧元/起降。TRL(2001)研究了位于人口稀少地区的帕尔马机场和东密德兰机场的边际噪声成本。其中,帕尔马机场的边际噪声成本为 0.17~2.02 欧元/起降,而东密德兰机场的边际噪声成本则为 1.4~11.7 欧元/起降。CEDelft(2002)评估了阿姆斯特丹史基普机场的边际噪声成本,成本因飞机型号和技术不同而不同(表 6-7)。

阿姆斯特丹史基普机场航空边际噪声成本(欧元/起降)　　表 6-7

数　量		40 座	100 座	200 座	400 座
CEDelft(2002)	平均科技	180	300	600	1200
	高科技	90	150	300	600

评估的边际噪声成本之所以会有如此大的变化范围,是因为飞机型号不同。同样机场周围的人口密度也是噪声成本的一个重要因素。这个已经被关于机场的许多研究结果所证明,例如,阿姆斯特丹史基普机场(CEDelft,2002)与帕尔马机场(TRL,2001)。

第七章　其他外部成本

关于外部成本的研究通常都集中在最重要的外部性影响上，比如噪声成本、空气污染成本、事故成本或者气候变化成本等。其他外部性影响则通常会被忽略，主要原因有以下几个原因：

(1)影响模式极其复杂以及很难确定，如自然和景观、土壤和水污染的影响评价。

(2)与基础设施的使用没有直接的关系，如自然、景观和市区等额外成本与基础设施成本没有直接关系。

(3)很难分配到相应运输系统中，如使用的能源和燃料生产所产生的费用。

对这些外部性影响成本的估算，关于其详细的影响模式以及剂量—效应作用的了解和认识，远远不及其他外部性成本类型，如有关自然和景观成本以及土壤和水污染成本，都是很复杂的自然生态系统。因此，这些方面的损坏成本往往不被量化，而是采用修复成本法，即根据当地的具体情况通过评估修复费用来进行估计。

第一节　自然和景观成本

一、内涵与估算方法

对自然和景观产生的外部性影响，包含三个方面：栖息地流失、栖息地破碎以及栖息地质量变差，且这三个方面的负面影响是互相关联的(OSD,2003)。

对自然和景观产生的外部性影响估算，步骤如下：

(1)采用恢复成本法，评估对地面修复和其他生态系统的影响(对动物及其群落生态环境的干扰，包括噪声或屏障作用、视觉障碍等)(INFRAS/IWW,2004/2000)；

(2)采用标准价格法，量化交通运输向空气排放，对生态系统和生物多样性造成的负面影响(ExternE,1999;NewExt,2004)；

(3)两种方法并用，量化评估对生物多样性丧失的影响：一是由于土地利用变化导致物种多样性减少而产生的修复费用；二是因向空气中排放对生态系统和生物多样性(通过酸化和富营养化)而产生的负面影响的修复费用(NEEDS,2005a)。

(4)两种方法并用，量化评估对栖息地的丧失和破碎的影响：一是由于交通基础设施(创建补偿性生态系统)造成栖息地丧失的赔偿费用；二是栖息地破碎的成本补偿办法(OSD,2003)。

二、参数选取与结果

INFRAS/IWW(2004)推荐修复费用在10~40欧元/m^2。其中，由于空气污染物(例如通过酸化和富营养化)造成自然和景观的成本损失不属于外部成本项目“自然与景观”，已经涵盖在外部成本类型“空气污染”中。

根据瑞士的一个调查报告，表 7-1 和表 7-2 列出针对不同的生态系统和修复栖息地流失成本的补偿费用(2000)。

栖息地流失修复成本费用[欧元/(m^2·年)] 表 7-1

生态系统类型	成本因子		
	最小	中值	最大
沉积物	1.23	1.75	2.28
狭河道	0.95	1.18	1.40
宽河道	0.48	0.59	0.70
沼泽	1.35	2.00	2.66
芦苇	0.79	0.98	1.22
沼地	1.59	2.87	4.17
草地	0.64	0.92	1.18
荒地	0.12	0.20	0.29
山地	0.51	0.58	0.66
绿篱	1.17	1.42	1.67
林荫道	0.11	0.12	0.14
冲积森林	0.94	1.22	1.50
森林(落叶性，针叶，混合林)	0.64	0.87	1.09

注：1. 资料来源于 OSD，2003(2000 年数据)。

2. 用 2000 年的欧元价值作为计量单位。

栖息地破碎修复中值成本(1000 欧元/年) 表 7-2

基础设施类型	高速公路	一级路	二级路	三级路	单线铁路	多线铁路
野生动物天桥	66	28	23			18
野生动物地下通道	136	58	48			72
野生动物河道	150	64	53			72
河流动物通道	7.4	4.5	4.5	3.0	4.5	4.5
小型动物通道	3.7	2.2	2.2			2.5

注：资料来源于 OSD，2003(2000 年数据)。

表 7-3 中所示的平均成本参数也适用于其他国家，特别是当这一地区或国家没有其他可供参考的估算数据时，这时需要针对具体国家就修复成本进行一下成本转化程序。很显然，这些成本参数构成针对的是瑞士的具体当地情况，并不能包含所有的地形状态，这在一定程度上限制了它的可转移适用性。但在没有一个针对全部所有地形情况的细化研究时，这至少可以提供一个粗略的估计。

栖地流失和栖地破碎平均成本(修复方法)[1000 欧元/(km·年)] 表 7-3

基础设施类型	栖地流失	栖地破坏	总量
道路总量	3.6	7.1	11
高速公路	19	92	110

续上表

基础设施类型	栖地流失	栖地破坏	总量
一级公路/国道	3.2	13	16
二级公路/区域路	4.2	2.7	6.9
三级公路	2.2	1.6	3.9
铁路总量	6.0	10	16
单轨铁路	3.3	5.6	8.9
多轨铁路	14	23	37

注:资料来源于 OSD,2003(2000 年数据)。

表 7-4 给出了运用替代方法确定的成本参数(INFRAS/IWW,2004)。需要说明的是,成本费用基本上只与基础设施类型和规模有关,而和它的使用情况无关。因此,边际外部成本是非常低的。

自然和景观平均成本(替代方法)[1000 欧元/(km·年)]　　表 7-4

基础设施类型	平均成本
道路总量	4.1
高速公路	49
一级公路/国道	5.5
二级公路/区域路	4.0
三级公路	3.1
铁路总量	1.7
单轨铁路	1.3
多轨铁路	2.1

注:资料来源于 INFRAS/IWW,2004a(2000 年数据)。

第二节　土壤与水污染成本

一、内涵与估算方法

交通运输对土壤最重要的负面影响来自不同交通工具的重金属和多环芳烃(PAH)的排放。这些污染物可对植物造成伤害并导致沿交通基础设施的土壤肥力的下降和水环境污染,有时甚至会对动物和人类的健康构成威胁。其成本估算内容如下:

(1)沿交通基础设施的受污染地区(土壤和水污染)的修复成本估算(取决于基础设施的长度)(INFRAS/IWW,2000/2004)。

(2)受重金属、有机污染物(如多环芳烃)、除冰盐、除草剂以及其他沿交通基础设施的药剂(取决于排放量和临界浓度)引发的土壤和水污染的修复的成本估算(OSD,2006)。

(3)由于排放到土壤、水和空气中的有毒重金属对人类健康损害导致的健康成本(ExternE,1999;NewExt,2004)。

针对上述成本,采用修复成本法,估算污染成本的数据要求和步骤(图 7-1)如下:

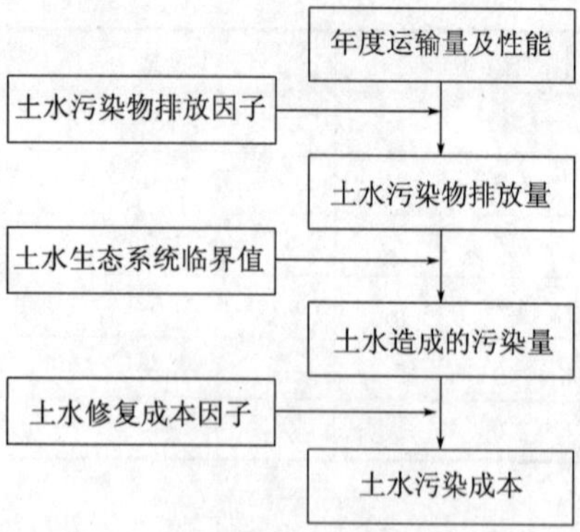

图 7-1　修复成本法估算步骤

(1)土壤污染物的排放(重金属、有机污染物,比如多环芳烃):如果知道排放因素和运输性能,就可以计算出土壤污染物的排放。

(2)水污染物的排放(除冰盐因子、除草剂,等等):如果知道排放因素和运输性能,就可以计算出水污染物的排放。

(3)在土壤和水体生态系统中这些污染物的临界浓度。

(4)用于重新安置和处理污染土壤的具体修复成本。

(5)用于清理污染水体的具体修复成本。

采用替代成本法,估算污染成本的数据要求和步骤如下:

(1)交通基础设施的长度,根据运输模式和基础设施建设的等级而有所区别(铁路:单轨、双轨;公路:高速公路、国道、地区道、较小规模的道路;水路:人工渠道的长度;空运:机场需要封闭的地区面积)。

(2)因土壤和水污染受损的交通基础设施宽度。

(3)用于清理和重置污染土壤和水体的修复成本因素。

二、参数选取与结果

(1)修复成本法

表 7-5 为根据瑞士环境法规得到的土壤污染物浓度。

根据瑞士环境法规得到的土壤污染物浓度　　表 7-5

项目	严重土壤污染浓度(g/m)	项目	严重土壤污染浓度(g/m)
镉	2	铜	150
锌	300	PAH	20
铅	200		

注:资料来源于 OSD,2006。

表 7-6 给出了一项瑞士研究报告提出的土壤修复费用。

对污染土壤处置与更换的修复成本　　表 7-6

数据来源,国家	具体的修复成本(欧元/m^3)	数据来源,国家	具体的修复成本(欧元/m^3)
OSD,2006,瑞士	58	UNITE,2000c,欧盟	36

注:资料来源于 OSD,2006(2004 年的数据);UNITE,2000c(1998 年的数据)。

(2)替代成本法

表 7-7 给出根据瑞士研究报告(基准年 2004 年)提出的单位成本[欧元/(车·km)或欧元/(列·km)]。要使结果应用到其他国家,对修复成本进行修正是必要的(GDP/cap.PPP)。将成本参数转移应用到其他国家,只有当该地区或国家没有相关具体研究时才采用,并且这也只能代表粗略的估计值。

针对公路和铁路运输造成土壤和水污染的单位成本(瑞士)　　表7-7

类型	交通工具	单位成本[欧元/(车·km)]或欧元/(列·km)
公路	轿车	0.06
	巴士(公共交通)	1.07
	客车	1.05
	摩托车	0.04
	小型货车	0.17
	重型汽车	1.05
铁路	所有铁路	0.43
	客运铁路	0.29
	货运铁路	1.02

注:资料来源于OSD,2006(2004年的数据)。

第三节　敏感地区的外部成本

一、内涵与估算方法

欧元区指令(1999/62/EC和2006/38/EC)考虑了在敏感地区的道路增加通行费的可能性,尤其是在山区(阿尔卑斯山、比利牛斯山等),这便于为了欧盟利益而为相同通道和交通区域交叉负担经费。然而,到目前为止并没有一个清楚的在全欧盟通行的关于敏感地区的定义。最近开始发起并还在进行中的欧盟研究项目ASSET(高效交通和环境敏感区域)旨在提供一个在全欧盟通行的运输敏感区域(TSAs)的定义和评估方法框架,项目通过考察欧盟交通敏感区域并评估对这些区域有影响的现存政策,最终提炼出在发展交通系统时对交通敏感区域的处理的通用政策方针。一个典型的研究范例是格雷斯(GRACE,2006c),该研究主要处理在交通敏感区域的外部环境、事故和其他支出成本。这里,将敏感地区定义为:毁坏损失大的地区。

(1)环境压力较大的地区。

(2)或者在同样环境压力下可能会造成更多的破坏影响的地区。

(3)或者可能使特有自然资源或文化遗产濒临危险的地区。

格雷斯案例研究聚焦于高寒山区和一个平坦"不敏感"地区两种情况下,公路和铁路交通的不同处以及背后的原因。研究方法基于影响路径法,在路径中每前进一步,就在高寒山区和平坦地区间做一个对比,然后将每一步的结果叠加起来会得出高寒山区和平坦地区总成本差异。在实施影响路径法时,每步需要考虑的影响因素是:排放量、排放浓度以及影响。

通常,敏感地区的成本不同是因为以下因素:

(1)普遍较高的排放量(空气污染和噪声),由于:坡度(空气污染和噪声)、较高的海拔高度(空气污染)。

(2)较高的空气污染浓度,由于:地形、气象条件。

(3)逆温和反射造成的较高噪声。

(4)高寒山区较长的下坡刹车距离而导致稍高的事故率。

(5)不同人口密度下的空气污染和噪声影响。

对敏感地区健康成本的研究方法和步骤如图7-2所示。

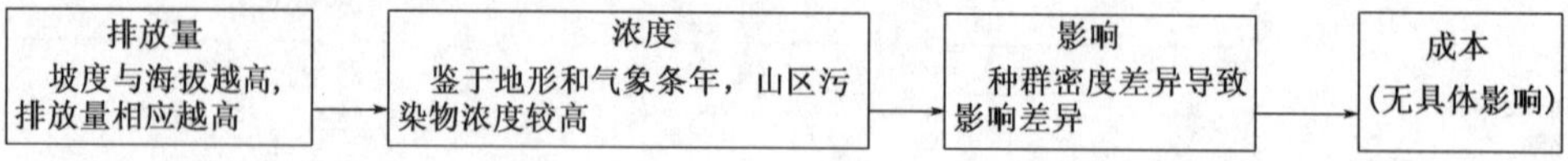

图7-2　敏感地区健康成本的测算方法步骤

二、参数选取与结果

就公路(小汽车和载重车辆HGV)和铁路运输(客运和货运),GRACE(2006c)给出了在不同因素(空气污染,噪声,事故和视觉干扰等)下,关于阿尔卑斯山区和平坦区域的敏感性外部成本因子,如图7-3所示。对公路运输,最高因子是视觉干扰,超过了10。但由于造成视觉干扰的原因,是运输线路沿途本身,而并不是采用的运输工具,因此视觉干扰的边际成本是零。噪声和基础设施成本因子估算结果是5,当地空气污染影响成本因子也基本与此量级相当。但由于区域空气污染物基本上是氮氧化物、二氧化硫和次级微颗粒,影响成本因子差不多减半至2.1。事故的影响成本因子差不多又减少一半,是1.2。

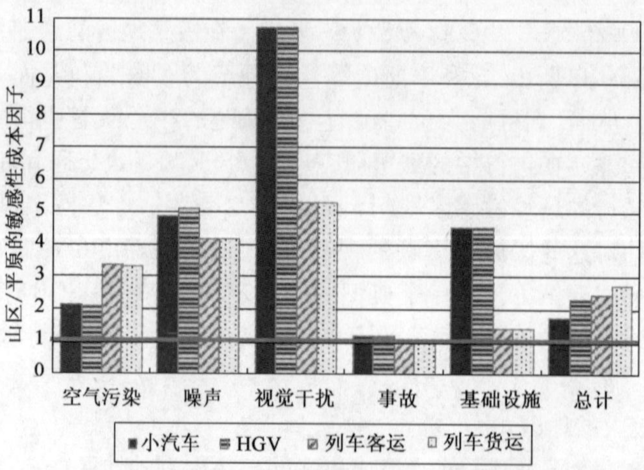

图7-3　山区和平原区域敏感性外部因子

综合考虑各因素来看,道路交通的敏感区域影响成本因子为2(每车·km或每列·km的加权平均成本),铁路运输略高,为2.5。主要原因是,在斜坡上制动时列车产生较高的粒子排放量。需要说明的是,上述参数值仅指在高山地区增加的敏感性外部成本,并不能转移和适用于其他敏感的交通区域。

第四节　上下游流程的外部成本

一、内涵与估算方法

上下游流程外部成本指由于生产能源、制造交通工具和建设基础设施的间接影响带来的额外成本费用,这些额外成本费用并不是在运输中产生的,而是在其他如能源生产过程或市场产生的。其中，最重要的上下游流程：

(1)能源生产

由于提取、运输和传动过程，各类能源生产都会产生额外的成本费用，而且成本费用的大小与能源消耗量直接相关。但一个关键问题是铁路运输耗用的电力来源于不同的生产方式（包括可再生资源和不可再生资源）。其中，与电力生产空气污染的相关成本，在空气污染外部成本章节已经说明。

(2)交通工具的生产、维修和处置

就各种运输方式的生命周期而论，在相当长的一段观察时间内，所有交通工具的生产、维修和处理都会必然引起环境问题（包括废气废水、土壤污染、温室气体排放等）。

(3)基础设施的建设、维护和处理

基础设施的建设、维护和处置同样会引起负面的环境影响（如污染物排放）。

核算上下游流程外部成本并不是根据交通运输的排放量/环境影响，而是根据与运输相关的所有上下游流程的排放量和影响：能源生产、交通工具和基础设施的制造、维修和处置。核算过程包括两个环节：首先要明确上下游流程包括什么样的成本影响模式，一般来说最主要的成本影响模式就是上下游流程过程中气候变化成本和空气污染成本（INFRAS/IWW，2000/2004a；ExternE，1999；NewExt，2004；Friedrich 和 Bickel，2001；OSD，2006）。其次，明确每种影响模式下的总排放量（例如二氧化碳、可吸入颗粒物、一氧化氮、二氧化硫等），以及污染物单位排放成本。

关于成本影响模式，也有研究认为应该包括核威胁成本，因为在一些国家将核电作为重要能源。一项研究（UBA，2006b）提出，若实际危险和环境破坏都被包括在内，核能的外部成本达到每千瓦时为 0.2 ~ 0.3 欧元/（kW · h）。如果再考虑核能造成的社会风险成本将更高，这就要求使用下一代更先进的科学技术，逐步淘汰核能。以德国为例，下一代先进技术是黑煤或褐煤煤电站，它们相应的外部成本分别是：黑煤为 2.4 ~ 7.0 欧元/（kW · h），褐煤为 3.3 ~ 9.5 欧元/（kW · h）。

二、参数选取与结果

1. 排放量

上下游流程的排放量（例如 CO_2、PM_{10}、NO_x、SO_2 等）是很重要的基本参数，与选定的影响成本模式密切相关。例如，为了计算气候变化成本，我们需要知道二氧化碳和其他温室气体的排放量。相关排放数据可通过查询运输生命周期库存获得［例如：Ecoinvent Database（www.ecoinvent.ch）］。

2. 单位排放成本

在进行成本评估时，除了排放量数据，还需要与成本影响类型相对应的排放因子的影子价格。排放因子的影子价格，可以参见前述相应章节，如空气污染外部成本和温室效应外部成本。

(1)能源生产上下游流程成本因子

下面以德国为例，给出了公路、铁路、内陆水运和航空运输关于能源（燃料）生产（含燃料循环）的上下游流程外部成本因子，成本影响模式涵盖空气污染和气候变化两种情景，相关数据以 TREMOVE 模型为基础（表 7-8 ~ 表 7-11）。

德国客车和货车运输的能源生产上下游流程成本[欧元/(车·km)]　　表 7-8

车辆	大小	EURO 等级	大都市	都市	都市间	高速公路	平均数
客车汽油排量	<1.4L	EURO-0	0.81	0.85	0.63	0.78	0.74
		EURO-1	0.90	0.90	0.62	0.64	0.70
		EURO-2	0.83	0.83	0.56	0.58	0.64
		EURO-3	0.82	0.81	0.56	0.57	0.63
		EURO-4	0.74	0.74	0.52	0.54	0.58
		EURO-5	0.69	0.68	0.48	0.50	0.54
	1.4~2L	EURO-0	1.00	0.99	0.74	0.97	0.88
		EURO-1	1.08	1.07	0.71	0.72	0.81
		EURO-2	1.01	1.01	0.67	0.66	0.76
		EURO-3	0.97	0.97	0.65	0.66	0.74
		EURO-4	0.90	0.90	0.61	0.62	0.69
		EURO-5	0.83	0.83	0.57	0.57	0.64
	>2L	EURO-1	1.40	1.39	0.90	0.90	1.03
		EURO-2	1.38	1.37	0.91	0.90	1.03
		EURO-3	1.16	1.16	0.74	0.71	0.85
		EURO-4	1.25	1.24	0.78	0.73	0.89
		EURO-5	1.11	1.10	0.69	0.65	0.79
客车柴油排量	<1.4L	EURO-2	0.51	0.50	0.38	0.40	0.42
		EURO-3	0.47	0.46	0.35	0.36	0.38
		EURO-4	0.43	0.42	0.32	0.33	0.35
		EURO-5	0.45	0.45	0.34	0.35	0.37
	1.4~2L	EURO-0	0.64	0.64	0.41	0.45	0.48
		EURO-1	0.69	0.69	0.52	0.55	0.58
		EURO-2	0.67	0.66	0.50	0.52	0.55
		EURO-3	0.61	0.61	0.45	0.47	0.50
		EURO-4	0.55	0.55	0.41	0.42	0.45
		EURO-5	0.58	0.58	0.43	0.44	0.48
	>2L	EURO-0	0.89	0.88	0.56	0.62	0.67
		EURO-1	0.96	0.95	0.72	0.76	0.80
		EURO-2	0.92	0.91	0.68	0.72	0.76
		EURO-3	0.83	0.83	0.62	0.64	0.68
		EURO-4	0.75	0.75	0.56	0.58	0.62
		EURO-5	0.76	0.76	0.57	0.59	0.63

续上表

车辆	大小	EURO 等级	大都市	都市	都市间	高速公路	平均数
卡车（货车）	<7.5L	EURO-0	1.58	1.58	1.44	1.40	1.42
		EURO-1	1.34	1.34	1.24	1.24	1.25
		EURO-2	1.28	1.28	1.19	1.20	1.20
		EURO-3	1.35	1.35	1.26	1.25	1.26
		EURO-4	1.27	1.27	1.18	1.17	1.18
		EURO-5	1.30	1.30	1.20	1.19	1.20
	7.5～16t	EURO-0	2.46	2.45	2.16	2.01	2.09
		EURO-1	2.10	2.09	1.87	1.74	1.81
		EURO-2	2.03	2.02	1.81	1.70	1.76
		EURO-3	2.11	2.10	1.87	1.74	1.81
		EURO-4	1.97	1.96	1.75	1.63	1.69
		EURO-5	2.00	2.00	1.78	1.65	1.72
	16～32t	EURO-0	2.44	2.44	2.16	2.00	2.05
		EURO-1	2.10	2.09	1.86	1.74	1.78
		EURO-2	2.02	2.02	1.80	1.68	1.72
		EURO-3	2.11	2.10	1.87	1.74	1.78
		EURO-4	1.97	1.96	1.75	1.62	1.66
		EURO-5	2.00	2.00	1.78	1.65	1.69
	>32t	EURO-0	3.54	3.54	3.05	2.73	2.78
		EURO-1	3.11	3.10	2.69	2.41	2.46
		EURO-2	3.03	3.02	2.63	2.35	2.40
		EURO-3	3.11	3.11	2.68	2.39	2.44
		EURO-4	2.90	2.90	2.50	2.23	2.27
		EURO-5	2.95	2.95	2.54	2.26	2.31

注:1. 排放系数来源于 TREMOVE 基准案例(模型版本 2.4.1)。

2. 用 2000 年的欧元价值作为计量单位。

德国铁路运输的能源上下游流程成本[欧元/列·km]　　表 7-9

列车分类			大城市	城市	非城市
客运	电动	机车	4.9	4.9	4.9
		轨道车	7.6	7.7	
		高速火车			9.2
	柴油	机车	8.7	8.7	8.7
		轨道车	11.5	1.5	
货运	电动	机车			13.7
	柴油	机车			29.2

注:1. 排放系数来源于 TREMOVE 基准案例(模型版本 2.4.1)。

2. 用 2000 年欧元价值作为计量单位。

德国内陆水运的能源上下游流程成本[欧元/(船·km)]　表7-10

船舶类型	成本因子	船舶类型	成本因子
干货<250t	0.08	推动型游艇1000~1500t	0.52
干货250~400t	0.08	推动型游艇1500~3000t	0.52
干货400~650t	0.11	推动型游艇>3000t	1.08
干货650~1000t	0.16	游轮<250t	0.08
干货1000~1500t	0.22	游轮250~400t	0.08
干货1500~3000t	0.40	游轮400~650t	0.11
干货>3000t	0.40	游轮650~1000t	0.16
推动型游艇<250t	0.52	游轮1000~1500t	0.22
推动型游艇250~400t	0.52	游轮1500~3000t	0.62
推动型游艇400~650t	0.52	游轮>3000t	0.62
推动型游艇650~1000t	0.52		

注:1.排放系数来源于TREMOVE基准案例(模型版本2.4.1)。

2.用2000年欧元价值作为计量单位。

德国航空运输的能源上下游流程成本　表7-11

飞行距离	成本因子	
	欧元/(飞机·km)	欧元/架次
<500km	0.71	149
500~1000km	0.53	318
1000~1500km	0.40	612
1500~2000km	0.38	914
>2000km	0.40	4265

注:1.排放系数来源于TREMOVE基准案例(模型版本2.7)。

2.用2000欧元价值作为计量单位。

(2)基础设施和交通工具的生产、维护和处置成本因子

这部分的外部空气污染和气候变化成本与基础设施使用并不直接相关。研究INFRAS/IWW(2004a)认为,公路运输此项成本占上下游流程全部外部成本的30%~40%,铁路运输则高度依靠于电力供给结构情况(可再生电力产量占比高的国家成本更高),对于航空运输来说为2%~8%,水路运输则占20%~30%。

第五节　城市地区的额外成本

一、内涵与估算方法

城市地区的额外成本指城市地区的机动交通(铁路和公路)对非机动交通使用者(行人、骑自行车的人)产生的影响,主要包括两部分:

(1)时间损失

受城市交通基础设施建设阻断分离影响,行人通行由于等候造成的时间损失;

(2)稀缺性损失

由于交通基础设施建设对资源的挤占,导致行人所用设施(自行车道的建设)不足的问

题(INFRAS/IWW,2000/2004a;OSD,2006)。

此外,其他可能的影响(譬如,因为运输和交通基础设施可能导致的可见的城市入侵问题)则非常难以估量,也没有可行的测算方法。

对城市地区两项主要额外成本,测算方法思路如下:

(1)时间损失核算

对于城市的行人来说,等候损失的时间成本建立在他们花费在交通基础设施建设上等待的时间。可根据以下因素确定:城市地区交通基础设施建设的长度、受影响行人的平均数量(对应每个设施长度单位)、每人每天需要穿行的十字路口的数量、穿过每个十字路口花费的平均时间。为了得到成本总量,还需要行人的单位时间成本因子。

(2)稀缺性损失核算

由于道路不足,必须修建自行车道。稀缺性损失成本可根据修建自行车道的成本来确定。可根据以下因素确定:需要修建自行车道的城区道路设施长度、自行车道建设成本因子。但是,只有当交通量增加,不得不建设自行车道的时候,这些成本才有意义。

二、参数选取与结果

表7-12和表7-13展示了最重要的参数值。

瑞士城市交通基础设施的参数和成本因子(时间损失)　　表7-12

参　数	道　路			铁路
	类型A:区域/公共道路	类型B:主要街道(二或三车道)	类型C:城市高速公路(四车道或更多)	
每天人均穿越次数	3	2	1.5	1.5
每次穿越的平均时间(单位:s)	10	45	260	260
行人每小时时间成本(道路和铁路)	6.5欧元/h			

注:资料来源于OSD,2006(2004年数据)。

瑞士城市自行车道建设的成本因子(稀缺性损失)　　表7-13

自行车道的成本	成　本　率	自行车道的成本	成　本　率
自行车道:公路上的喷涂道路	1900欧元/(km·年)	自行车道:分开的道路	24100欧元/(km·年)

注:资料来源于OSD,2006(2004年数据)。

根据以上参数,根据INFRAS/IWW(2004a)研究,提出的城市地区的额外成本见表7-14。

城市地区的额外成本因子(欧盟15国加上瑞士和挪威)　　表7-14

运输方式		单位成本[欧元/(车·km)]
公路	客车	0.26
	公共汽车	0.66
	摩托车	0.11
	大篷火车	0.37
	重型车辆	0.77

续上表

运 输 方 式		单位成本[欧元/(车·km)]
铁路	铁路	16.83
	铁路乘客	16.50
	铁路货运	17.93

注:来源于 INFRAS/IWW,2004a(2000 年数据)。

第六节　能源依赖性外部成本

一、内涵与估算方法

世界各地原油分布的不均导致了另外一种外部运输成本,这种成本高度依赖于石油生产国(集中于石油输出国家组织 OPEC)。很多研究对石油依赖性的经济成本进行了评估(例如,从占国内生产总值比例看),但很少有研究把运输成本与石油依赖的外部成本直接联系起来评估。

Greene 和 Ahmad(2005)研究了美国的石油依赖成本,主要包括三个方面:

(1)财富转换成本,即通过市场作用将财富从石油消费者转移到石油生产者。

(2)潜在的 GDP 损失,由于经济不景气导致一个经济体原油最大产量下降。

(3)宏观经济调整成本,由于突发的、重大的价格变化导致的成本。

此外,帕里和达姆施塔特(2004)开展了一项美国国家委员会能源政策研究,提出对石油依赖成本进行二次评估,认为石油依赖成本应考虑这样的事实:不仅石油生产国家拥有垄断能力,而且美国作为最大的石油进口国家在一定程度上也应被当作垄断能力。

二、参数选取与结果

目前,大多数关于能源依赖成本的研究都是研究美国进口石油成本(Leiby 等,1997;NRC,2002; Parry 和 Darmstadter,2004; Leiby,2007),并且结果也是在不断变化的。1997年 Leiby 的研究成果是每桶 3.6 美元,2002 年美国科学研究委员会的 Parry 和 Darmstadter 的研究成果是每桶 5 美元,2007 年 Leiby 的最新研究成果是每桶 13.6 美元(表 7-15)。

来自不同研究的石油依赖的边际外部成本　　表 7-15

研　　究	计算的基准年	美元/桶	欧元/L(原油)	考虑到的特殊方面
Leiby 等,1997	1993	0.23~9.91	0.17~7.2	考虑各种情况,包括无损坏、美国垄断、OPEC 垄断等
NRC,2002	1999	5	3.35	
Parry 和 Darmstadter,2004	根据 NRC,2002	5	3.35	包括买方垄断方面
Leiby,2007	2004	13.6	10.63	包括增强石油安全的费用(战略石油储备和中东地区的军事考量)

在现阶段,能源依赖的外部成本研究结果只适用于美国。因为在美国,石油安全是一项重大的政治问题。由于不同的经济结构和能源结构,美国的评估标准并不能直接应用于欧洲体系,而只能看作是参考性的测值。

对于欧洲来说,最好的评估方法还没有,有待于进一步采集信息。信息不仅要考虑国家的市场定位或欧盟作为一个整体的需求市场,还应包括相关国家的石油依赖程度、能源强度、能源密集型产业等。

第八章　单位成本值及其转化

在估算交通运输外部成本时,采用的数据多来自特定国家,且为了提高可读性,是某一特定国家(作为中欧大国的德国)的某些代表性数据。选取的这些代表性车辆类别、排放标准和实际交通状况数据,为外部成本估算和发展提供了重要基础和参照。为了应用在其他国家,需要考虑有关参数和数值的转化适用问题。

第一节　差异性等级

由于外部性类型和交通方式不同,其差异化类型划分也各不相同。针对不同外部成本及交通方式,其差异化类型划分情况见表 8-1 所示。

各种外部成本的类型划分情况　　表 8-1

成本构成	公路(客车、货车、汽车/大巴士)	铁路(客运、货运)	航空(客运、货运)	水道(内陆水道、海港)
拥堵成本(公路)	每车·公里成本,针对不同基础设施类型(城际间、城区、大都市)高峰—非高峰	—	—	—
稀缺性成本	—	每列车·公里成本 高峰—非高峰	每架·公里成本 高峰—非高峰	每船成本和每厘米水位成本
事故成本	每车·公里成本,不同基础设施类型(城区—城区间)	每列车·公里成本	每起降次成本	每船·公里成本(各船型)
噪声成本	城区—城区间成本 日间—夜间	每列车·公里成本 城区—城际白天—夜间	每航次成本(起飞和落地) 白天—夜间	—
空气污染	城区—城区间成本 日间—夜间 欧洲标准 燃料类型	每火车·公里成本 城区—城际 电气化—内燃机	每航次起降成本 每架·公里 航班类型	每船·公里成本(船型)
温室效应	城区—城区间成本 高峰—非高峰 发动机容量、车辆重量、燃料类型	每火车·公里成本 城区—城际 电气化—内燃机	每架·公里成本, 每架次起降成本, 航线类型	每船·公里成本(船型)
额外的外部成本	每车·公里成本	每车·公里成本	每航班·公里成本	每船·公里成本(船型)

第二节 每种运输方式的精确范围

一、单位成本值

针对不同外部成本类型和运输模式,下面给出了各类外部单位成本的范围。这些范围区间也反映了前述章节介绍的研究成果及推荐的边际成本数值。

(1)公路运输

以德国为例,公路运输的单位外部成本值如表8-2所示。需要指出的是,由于所基于的取值年份不同,各类外部成本的数值不具有统一一致性;在欧盟内如果取值因国家而不同,则选取的是作为中欧的大国——德国的数值作为代表性数值。下面展示的取值区间,同前述章节介绍的每类外部成本的参数选取情况是相一致的。

德国公路交通单位外部成本[欧元/(车·km)] 表8-2

情况分类		客车	货车
噪声成本	城区,白天	0.76(0.76~1.85)	7.01(7.01~17.01)
	城区,夜间	1.39(1.39~3.37)	12.8(12.8~31)
	城际,白天	0.12(0.04~0.12)	1.1(0.39~1.1)
	城际,夜间	0.22(0.08~0.22)	2(0.72~2)
交通拥堵	城区,高峰	30(5~50)	75(13~125)
	城区,非高峰	—	—
	城际,高峰	10(0~20)	35(0~70)
	城际,非高峰	—	—
交通事故	城区	4.12(0~6.47)	10.5(0~13.9)
	城际	1.57(0~2.55)	2.7(0~3.5)
空气污染	城区,汽油	0.17(0.17~0.24)	—
	城区,柴油	1.53(1.53~2.65)	10.6(10.6~23.4)
	城际,汽油	0.09(0.09~0.15)	—
	城际,柴油	0.89(0.89~1.8)	8.5(8.5~21.4)
温室效应	城区,汽油	0.67(0.19~1.2)	—
	城区,柴油	0.52(0.14~0.93)	2.6(0.7~4.7)
	城际,汽油	0.44(0.12~0.79)	—
	城际,柴油	0.38(0.11~0.68)	2.2(0.6~4)
上下游流程外部成本	城区,汽油	0.97(0.97~1.32)	—
	城区,柴油	0.61(0.61~1.05)	3.1(3.1~6.9)
	城际,汽油	0.65(0.65~1.12)	—
	城际,柴油	0.45(0.45~0.92)	2.7(2.7~6.7)
自然景观成本	城区	—	0(0~0)
	城际	0.4(0~0.4)	1.15(0~1.15)

续上表

情况分类		客车	货车
土壤和水污染	城区/城际	0.06(0.06~0.06)	1.05(1.051.05)
城区(合计)	白天,高峰	36.7(7.1~61.1)	109.8(35.5~192)
	白天,非高峰	6.7(2.1~11.1)	34.8(22.5~67)
	夜间,非高峰	7.4(2.8~12.7)	40.6(28.2~80.9)
城际(合计)	白天,高峰	13.3(1~25.2)	54.4(13.3~109)
	白天,非高峰	3.3(1~5.2)	19.4(13.3~39)
	夜间,非高峰	3.4(1~5.3)	20.3(13.6~39.9)

注:1. 关于噪声成本,数值区间的最低值是基于密集的交通状况的,而区间的最高值则基于稀疏的交通状况,单位成本值则针对的各种情景下的最可能交通情况。

2. 在空气污染、温室效应和上下游流程成本中,客车是指中型车(1.4~2L)、欧-Ⅲ标准,货车是指载重超过31t的卡车、欧-Ⅲ标准,变化范围来自于CAFE CBA做的敏感性分析。

3. 自然景观成本,城市和建设区域没有外部成本;在城市间,最小值指的短期边际成本,最大值指的是长期边际成本。

4. 总的数值范围是由每种成本类型的区间值累加计算出来的。

5. 用2000年的欧元价值作为计量单位,表8-3~表8-5与之相同。

客车、货车外部成本取值见图8-1~图8-4。

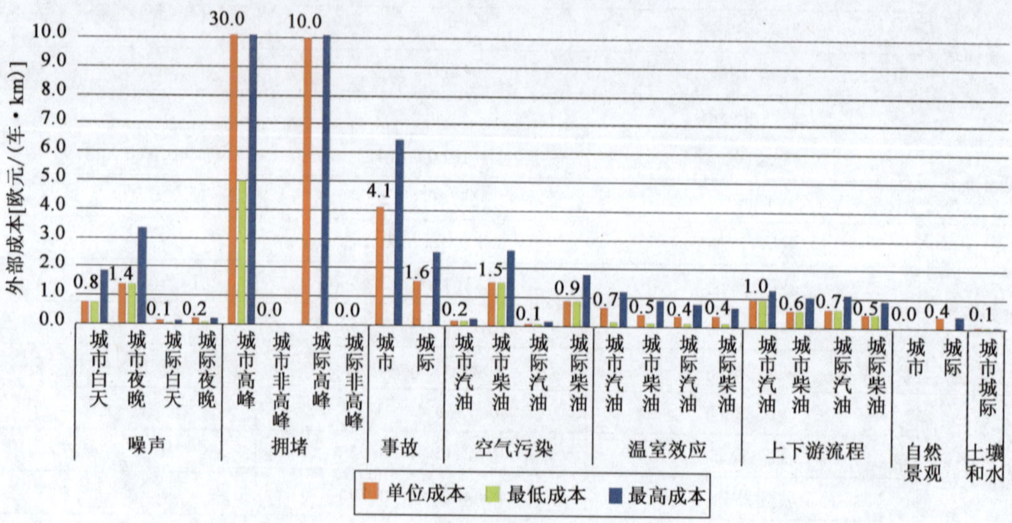

图8-1 客车各类型外部成本取值

注:用2000年的欧元价值作为计量单位,图8-2~图8-8与之相同。

(2)铁路运输

以德国为例,铁路运输的单位外部成本值如表8-3所示。同样,由于所基于的取值年份不同,各类外部成本的数值不具有统一一致性;在欧盟内如果取值因国家而不同,则选取的是作为中欧的大国——德国的数值作为代表性数值。

铁路客运各类型外部成本取值如图8-5~图8-8所示。

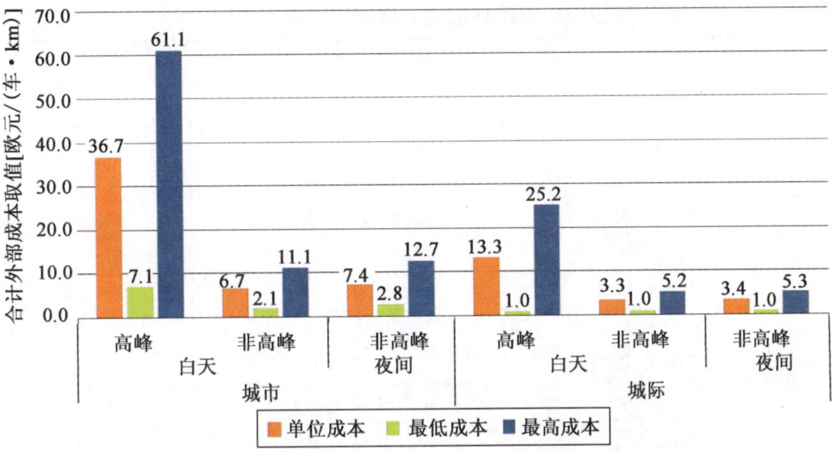

图 8-2　客车(汽油)各交通状况下的合计外部成本取值[欧元/(车·km)]

注:出于定价目的,不是所有的外部成本组成部分都被考虑(例如自然和景观成本)。

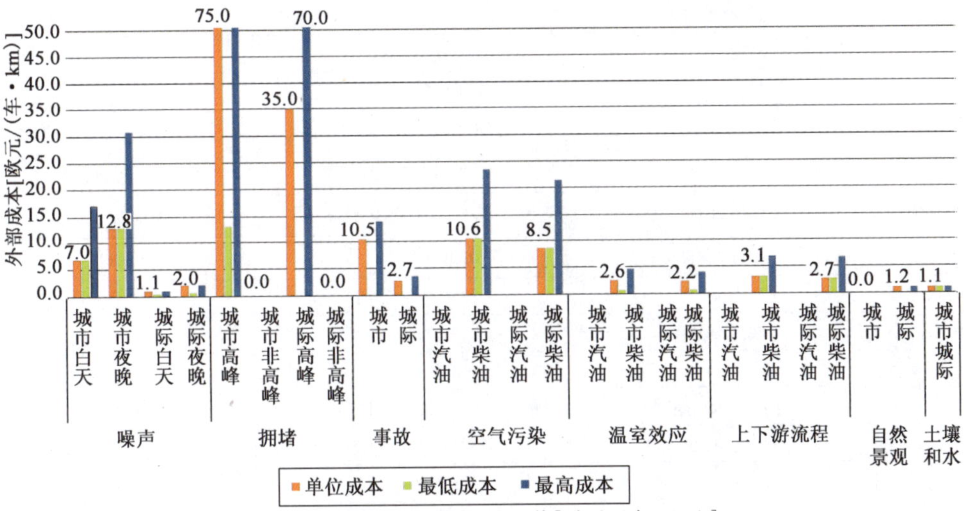

图 8-3　货车各类型外部成本取值[欧元/(车·km)]

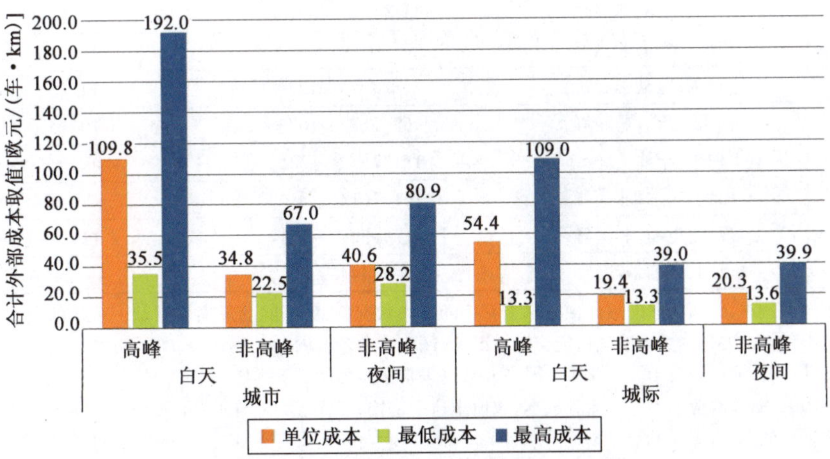

图 8-4　货车各交通状况下的合计外部成本取值

注:出于定价目的,不是所有的外部成本组成部分都被考虑(例如自然和地貌成本)。

德国铁路运输单位外部成本取值[欧元/(列·km)]　　表 8-3

成本成分		铁路客运	铁路货运
		单位成本	单位成本
噪声成本	城区,白天	23.7(23.7~46.7)	41.9(41.9~101.2)
	城区,夜间	78(78~78)	171.1(171.1~171.1)
	城际,白天	20.6(10.4~20.6)	40.1(20.7~40.1)
	城际,夜间	34.4(34.4~34.4)	67.7(67.7~67.7)
稀缺性成本	高峰	20(0~20)	20(0~20)
交通事故	城区/城际	8(8~30)	8(8~30)
空气污染	城区,电动	0(0~0)	0(0~0)
	城区,柴油	144.8(144.8~297.2)	366.8(366.8~752.6)
	城际,电动	0(0~0)	0(0~0)
	城际,柴油	90.7(90.7~203.6)	305.8(305.8~686.4)
温室效应	城区,电动	0(0~0)	0(0~0)
	城区,柴油	11.4(3.2~20.6)	28.9(8.1~52.1)
	城际,电动	0(0~0)	0(0~0)
	城际,柴油	8.6(2.4~15.5)	28.9(8.1~52.1)
上下游流程外部成本	城区,电动	24.8(16.4~52.1)	44.4(22.3~93)
	城区,柴油	13.8(12.2~27.7)	34.8(30.8~70.1)
	城际,电动	15.9(8~33.4)	44.4(22.3~93)
	城际,柴油	10.3(9.1~22.5)	34.8(30.8~75.7)
自然景观成本	城际	23.2(0~23.2)	7.5(0~7.5)
土壤和水污染	城区/城际	0.3(0.3~0.3)	1(1~1)
总体外部成本			
城区	白天,电动,高峰	76.8(48.3~149)	115(73~245)
	白天,电动,非高峰	56.8(48.3~129)	95(73~225)
	白天,柴油,高峰	222(192.1~442)	502(457~1027)
	白天,柴油,非高峰	202(192.1~422)	482(457~1007)
	夜间,电动,非高峰	111.1(102.6~160)	225(202~295)
	夜间,柴油,非高峰	256.3(246.5~45)	611(586~1077)
城际	白天,电动,高峰	88(26.7~127)	121(52~192)
	白天,电动,非高峰	68(26.7~107)	101(52~172)
	白天,柴油,高峰	181.7(121~336)	446.2(374~913)
	白天,柴油,非高峰	161.7(121~316)	426(374~893)
	夜间,电动,非高峰	81.8(50.7~121)	129(99~199)
	夜间,柴油,非高峰	175.5(144.9~329)	454(421~920)

注:1. 关于噪声成本,数值区间的最低值是基于密集的交通状况的,而区间的最高值则基于稀疏的交通状况,单位成本值则针对的各种情景下的最可能交通情况,夜间没有参考范围。

2. 稀缺性成本,取值来自于 UNITE D7,早高峰数据来自于英国和瑞士案例。

3. 空气污染、温室效应和上下游流程成本,数值来自于德国,变化范围来自于 CAFE CBA 做的敏感性分析。

4. 自然景观成本,来源于 INFRAS/IWW(2004),城市和建设区域没有外部成本;在城市间,最小值指的短期边际成本,最大值指的是长期边际成本。

5. 总的数值范围是由每种成本类型的区间值累加计算出来的。

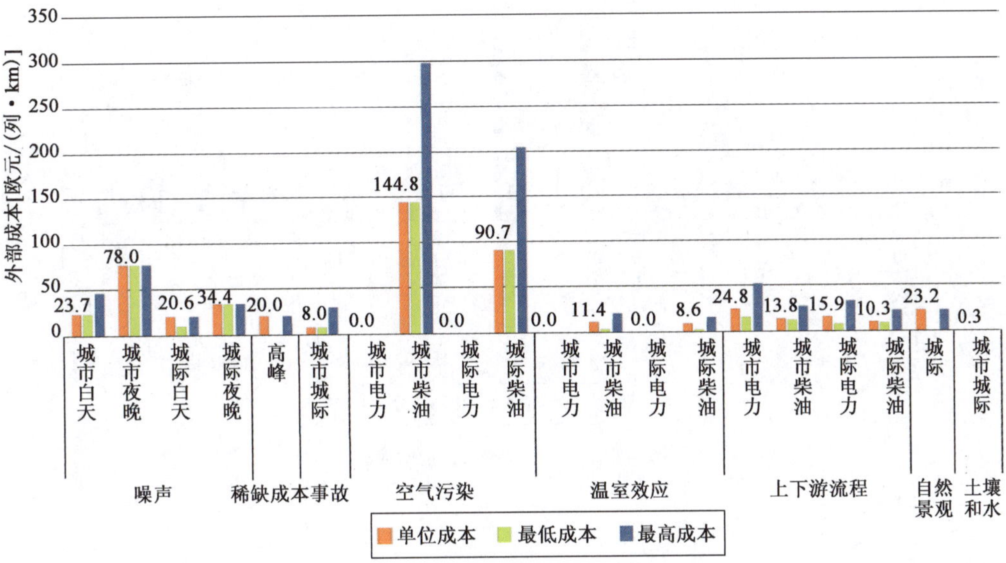

图 8-5　铁路客运各类型外部成本取值

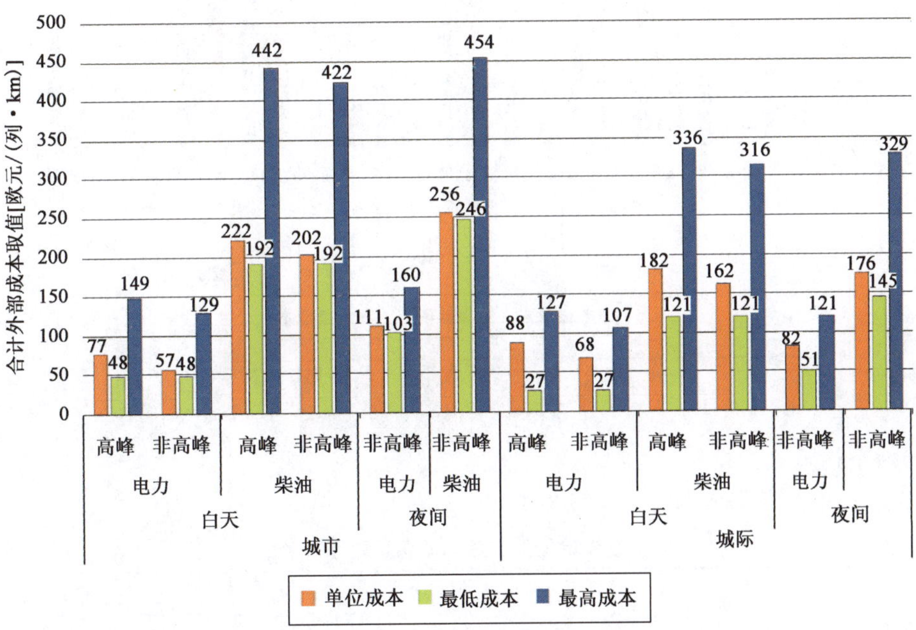

图 8-6　铁路客运各交通状况下的合计外部成本取值

注：出于定价目的，不是所有的外部成本组成部分都被考虑（例如自然和地貌成本）。

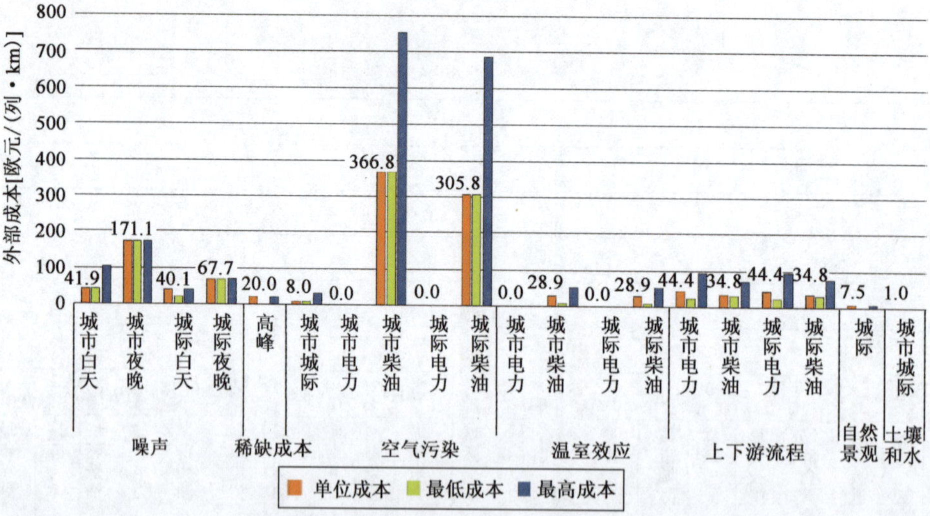

图 8-7　铁路货运各类型外部成本取值

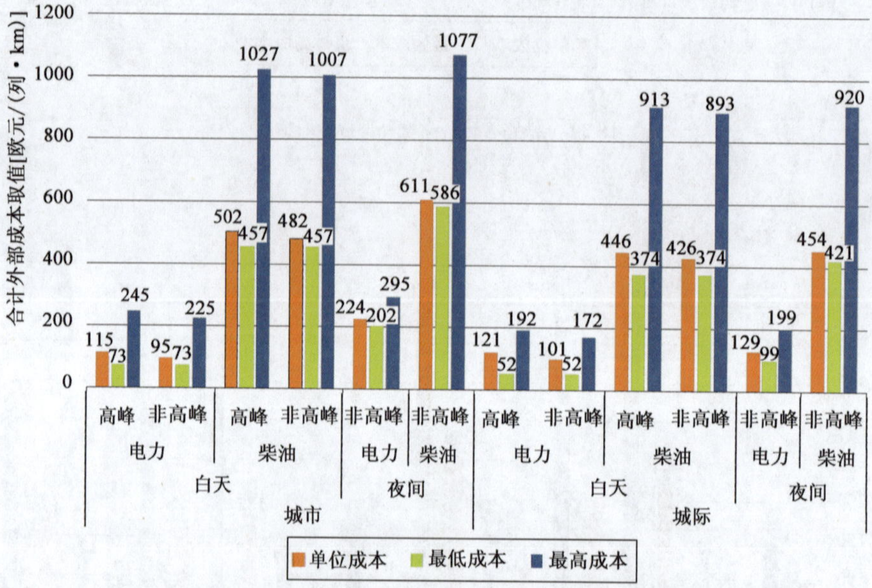

图 8-8　铁路货运各交通状况下的合计外部成本取值

注:出于定价目的,不是所有的外部成本组成部分都被考虑(例如自然和地貌成本)。

(3)航空运输

航空运输单位外部成本取值见表 8-4。

航空运输单位外部成本取值(欧元/架次)　　表 8-4

外部成本类型		航空客运
		欧盟 19 国加权平均值
噪声成本		228
稀缺性成本	高峰	—
	非高峰	—

续上表

外部成本类型	航空客运
	欧盟 19 国加权平均值
事故成本	118
空气污染	117
气候变化	530
上下游流程	612
额外外部成本(自然和景观)	—
总体外部成本	1605

注:1. 噪声成本只出现于飞机的起飞和降落时期,成本值也可以用欧元/起降表示。
2. 距离 1000 ~ 1500km 之间,气候变化成本与一次完整飞行成本(从出发地至目的地)相一致,不计非碳排放的气候变化影响。

(4)水路运输

内陆航运单位外部成本取值见表 8-5。

内陆航运单位外部成本取值[欧元/(船·km)]　　表 8-5

外部成本类型	水道货运
	欧盟 19 国加权平均值
噪声成本	—
稀缺性成本	—
事故成本	—
空气污染	89 ~ 1260
气候变化	8 ~ 114
上下游流程	8 ~ 108
自然与景观	—
土壤与水污染	—
总体外部成本	105 ~ 1482

注:1. 空气污染数据及船型划分与表 4-8 相一致,温室效应数据及船型划分与表 5-6 相一致,上下游流程成本数据及船型划分与表 7-10 相一致。
2. 总数值区间是由每种成本类型的区间值累加计算出。

二、公路和铁路运输对比

运用公路和铁路的单位运输外部成本概念,计算比较公路和铁路运输下每人公里和每吨公里的平均外部成本(表 8-6、图 8-9、表 8-7、图 8-10)。

公路和铁路客运单位外部成本对比　　表 8-6

外部成本类型分类		客运单位成本[欧元/(人·km)]	
		公路	铁路
噪声	市区,白天	0.46	0.25
	市区,夜间	0.84	0.82
	城际,白天	0.07	0.14
	城际,夜间	0.14	0.23

续上表

外部成本类型分类		客运单位成本[欧元/(人·km)]	
		公路	铁路
事故	市区	2.50	0.05
	城际	0.97	0.05
空气污染	市区(汽油/电动)	0.10	0.00
	市区(柴油/柴油)	0.93	1.51
	城际(汽油/电动)	0.05	0.00
	城际(柴油/柴油)	0.55	0.61
气候变化	市区(汽油/电动)	0.40	0.00
	市区(柴油/柴油)	0.31	0.12
	城际(汽油/电动)	0.27	0.00
	城际(柴油/柴油)	0.23	0.06
上下游流程	市区(汽油/电动)	0.60	0.26
	市区(柴油/柴油)	0.37	0.14
	城际(汽油/电动)	0.40	0.11
	城际(柴油/柴油)	0.28	0.07
自然景观	市区	0.00	0.00
	城际	0.25	0.16
水土污染	市区/城际	0.04	0.002
合计			
市区	白天(汽油/电动)	4.11	0.56
	白天(柴油/柴油)	4.62	2.08
	夜间(汽油/电动)	4.49	1.13
	夜间(柴油/柴油)	5.00	2.65
城际	白天(汽油/电动)	2.06	0.46
	白天(柴油/柴油)	2.39	1.08
	夜间(汽油/电动)	2.12	0.55
	夜间(柴油/柴油)	2.46	1.18

注:1. 客车指中等客车(1.4~2L),欧-Ⅲ标准。

2. 根据 TREMOVE 模式输出的平均负载因素(欧盟19国的平均值),客车:市区为1.65人/车,城际为1.62人/车;列车:市区为96人/车,城际为149人/车。

3. 该表没有包括拥堵成本。

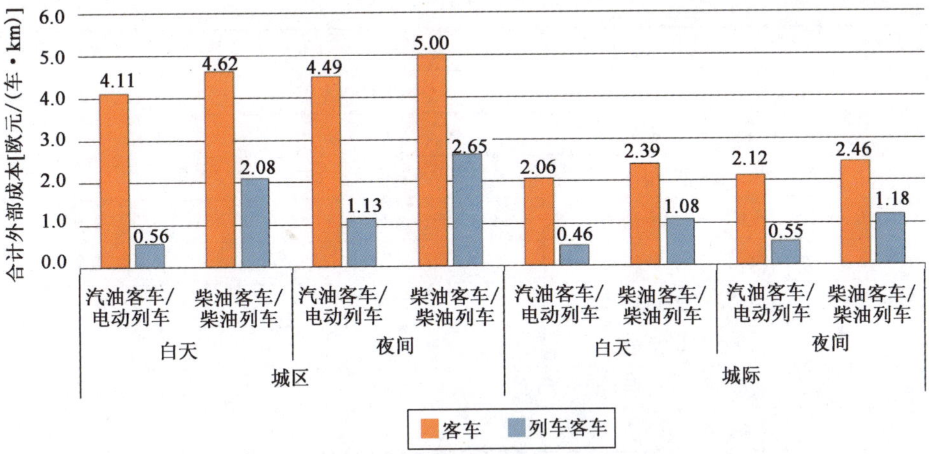

图 8-9　公路与铁路客运单位成本[欧元/(人·公里),欧元/(车·km)]

公路和铁路货运单位外部成本对比　　表 8-7

外部成本类型分类		货运单位成本[欧元/(t·km),欧元/(车·km)]	
		重型车辆单位成本值	货运火车单位成本值
噪声污染	市区,白天	0.61	0.12
	市区,夜间	1.12	0.49
	城际,白天	0.09	0.11
	城际,夜间	0.17	0.19
事故成本	市区	0.92	0.02
	城际	0.23	0.02
空气污染	市区(汽油/电动)	0.93	0.00
	市区(柴油/柴油)	0.93	1.05
	城际(汽油/电动)	0.73	0.00
	城际(柴油/柴油)	0.73	0.88
气候变化	市区(汽油/电动)	0.23	0.00
	市区(柴油/柴油)	0.23	0.08
	城际(汽油/电动)	0.19	0.00
	城际(柴油/柴油)	0.19	0.08
上下游流程	市区(汽油/电动)	0.27	0.13
	市区(柴油/柴油)	0.27	0.10
	城际(汽油/电动)	0.23	0.13
	城际(柴油/柴油)	0.23	0.10
自然和景观	市区	0.00	0.00
	城际	0.10	0.02
水土污染	市区/城际	0.09	0.02
合计			

续上表

外部成本类型分类		货运单位成本[欧元/(t·km),欧元/(车·km)]	
		重型车辆单位成本值	货运火车单位成本值
市区	白天(汽油/电动)	3.04	0.29
	白天(柴油/柴油)	3.04	1.40
	夜间(汽油/电动)	3.55	0.66
	夜间(柴油/柴油)	3.55	1.77
城际	白天(汽油/电动)	1.66	0.31
	白天(柴油/柴油)	1.66	1.24
	夜间(汽油/电动)	1.74	0.39
	夜间(柴油/柴油)	1.74	1.32

注:1. 货车指载重量>32t,欧-Ⅲ标准;

2. 根据 TREMOVE 模式输出的平均负载因素(欧盟 19 国的平均值),重型车辆:市区为 11.4t/车,城际为 11.7t/车;货运列车:348t/车。

3. 该表没有包括拥堵成本。

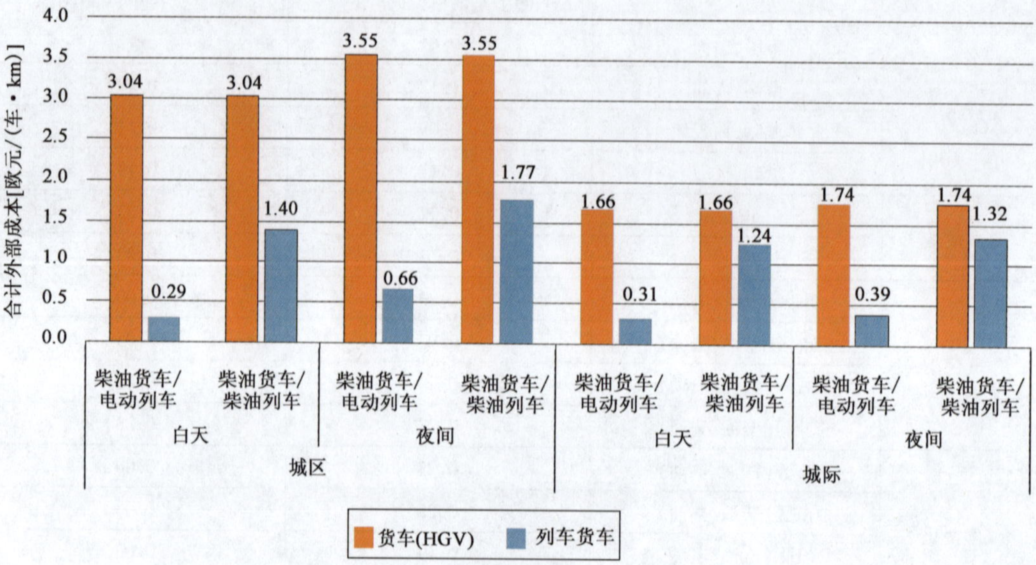

图 8-10 公路与铁路货运单位成本

第三节 数值转化方法

一、问题由来

单位量值是计算各种各样交通状况、交通方式、交通工具类型和各国家有关成本的数据基础。为了计算各种状态下的成本,就需要用到数值转化。需要注意的是,数值转化只在地区缺少数据的情况下适用。应用数值转化是为了让区域采用值比欧盟平均值用起来更能匹配当地情况。

(1)剂量反应函数转换:对一些外部性来说,转换时需考虑一些额外信息。

(2)交通堵塞:区域车速流量曲线会很有用,因各国交通状况存在差异。

(3)交通事故:需要考虑国家的保险体系,它会导致外部性水平不同。

(4)自然和景观:通常的居民点情况都应被纳入考虑范围。

(5)数据转化:应尽可能使用当地数据(交通、排放、密度等)。仅在一些具体情境下,比如具体的交通状态和暴露情景下,才考虑使用数值转换。

(6)单位值转化(如统计的生命价值 *VSL*,旅行时间价值 *VOT* 等):一些文献(如 UNITE,INFRAS/IWW,HEATCO)提出,可采用基于人均 GDP(根据相对购买力进行调整)的方式进行单位数值转换。这种转换方式,假设单位价值与收入密切相关。在一些国家,确实存在这样的国家统计数据,但这些数据与欧盟研究项目所建议的数据并不一致。此时,参考欧盟数值更新国内相关数据就很必要。

只要细分数据(交通规模、排放、污染物、噪声、经济数据等)真实有效、可获取,有必要将一个大国划分成更小的区域层面进行分析。

对新成员国(NMS)而言充分考虑其具体情况很重要,因为它们的统计数据(如环境、交通数据等)不完整,且与西欧国家统计口径不统一。这就需要进行数值转化,比如采用简明的数值转化方法(如人均 GDP 进行转化)。

二、基准年及动态更新机制

研究中,给出基准年的确切实际数据十分必要。并且提供的细分数据信息越详尽,作为通用的基准年数据越不重要,因为在数据结构中已显示所有细节信息(如欧盟分类信息)。

未来的预测和变化(如随时间推移的外部成本变化),主要取决于:

(1)剂量反应函数变化,通常对长期风险情况需要考虑,例如气候变化。

(2)交通模式变化(交通规模、结构、实载系数等),这些因素的离散结果会影响最终平均值。

(3)技术性能变化(如排放物分类等),这些因素的离散结果也会影响最终平均值。

(4)收入变化:根据前述假设,当人均 GDP 提高时收入也会相应变化。类似于数值转化法,这里收入弹性系数可以认为是 1。最近的研究(INFRAS,2004 年)认为也可以采用较低的弹性系数,如 0.5。

需要注意的是,一些非常敏感的单位值(如统计生命价值 *VSL*)除受人均 GDP 影响外,还受个人避险变化等其他因素的影响(表 8-8)。

根据购买力(PPP)调整的欧洲人均 GDP 数值　　表 8-8

国家	1996 年	1997 年	1998 年	1999 年	2000 年	2001 年	2002 年	2003 年	2004 年	2005 年	2006 年
现欧盟	100.0	100.0	100.0	100.0	100.0	100.0	100.0	100.0	100.0	100.0	100.0
前欧盟	109.6	109.5	109.5	110.2	110.0	109.6	109.3	109.0	108.6	108.3	108.1(f)
奥地利	126.5	123.8	122.9	125.2	125.8	122.1	120.0	120.3	121.7	122.5	122.4(f)
比利时	118.0	116.9	115.9	115.5	116.7	117.2	117.5	117.9	118.1	117.5	117.6(f)
保加利亚	27.4(e)	25.4(e)	25.9(e)	26.1	26.5	28.0	28.3	29.7	30.5	32.1	33.2(f)
瑞士	136.7	138.6	137.9	134.1	133.0	128.3	130.0	130.3(f)	131.6(f)	127.2(f)	126.7(f)

续上表

国家	1996 年	1997 年	1998 年	1999 年	2000 年	2001 年	2002 年	2003 年	2004 年	2005 年	2006 年
塞浦路斯	79.6(e)	78.3(e)	79.1(e)	80.2	80.9	82.8	82.0	79.8	82.6	83.3	83.2(f)
捷克	71.0(e)	68.8(e)	66.5(e)	66.1	64.9	65.8	67.7	68.3	70.5	73.8	76.1(f)
德国	118.1	115.8	114.2	113.7	111.9	110.0	108.5	108.1	108.0	109.3	109.0(f)
丹麦	123.7	124.2	123.1	126.3	126.2	124.9	121.4	120.8	121.5	124.2	125.5(f)
爱沙尼亚	34.7(e)	38.1(e)	39.2(e)	38.8	42.1	43.7	46.8	50.3	53.0	60.1	64.4(f)
西班牙	87.0	87.0	88.6	923	92.3	93.2	95.2	97.4	97.7	98.6	98.5(f)
芬兰	103.9	108.9	112.1	112.7	114.3	115.5	114.7	112.6	113.7	113.3	114.9(f)
法国	112.8	113.5	113.9	113.6	113.6	113.9	112.0	111.6	109.5	108.8	108.1(f)
希腊	69.8	70.5	70.3	70.8	72.9	73.2	77.2	80.9	81.8	82.0	82.9(f)
匈牙利	48.5(e)	49.5(e)	50.7(e)	51.8	54.0	56.9	59.1	60.1	60.9	61.4	63.1(f)
冰岛	102.3	111.7	116.3	122.1	126.3	128.5	132.3	133.7	135.8	137.5	138.4(f)
意大利	115.6	114.0	114.6	114.0	113.3	112.0	110.0	107.6	105.5	102.6	101.7(f)
立陶宛	35.2(e)	37.0(e)	38.7(e)	37.4	38.0	40.2	41.9	45.2	47.8	52.1	54.5(f)
卢森堡	196.7	191.3	193.5	218.1	222.4	214.6	220.7	232.7	237.5	247.5	251.7(f)
拉脱维亚	30.7(e)	32.8	33.7(e)	34.1	35.4	37.1	38.7	40.8	42.8	47.2	50.3(f)
马耳他	(:)	(:)	78.2	78.1	78.7	74.6	75.6	73.7	70.2	69.5	68.6(f)
荷兰	119.2	121.3	121.5	122.9	124.3	127.0	125.3	124.7	124.4	124.2	124.8(f)
挪威	136.6	138.7	130.9	139.8	158.9	155.1	146.6	145.9	153.2	164.5	164.3(f)
波兰	42.1(e)	43.9(e)	44.9(e)	46.0	46.8	46.1	46.3	46.9	48.7	49.8	51.0(f)
葡萄牙	74.8	76.2	77.8	80.5	80.5	79.9	79.4	72.7	72.3	71.2(f)	70.0(f)
罗马尼亚	(:)	(:)	(:)	25.4	24.9	26.2	28.1	29.9	32.1	34.7	36.0(f)
瑞典	115.7	114.6	113.6	118.0	119.0	115.2	113.6	115.6	117.1	114.5	115.6(f)
斯洛文尼亚	69.0(e)	70.6(e)	71.6(e)	73.8	72.9	73.9	74.5	75.9	79.2	80.6	82.2(f)
斯洛伐克	46.7(e)	47.1	47.4(e)	47.0	47.5	48.5	51.0	51.9	52.9	55.0	57.1(f)
英国	109.1	111.3	111.3	111.7	112.0	113.1	116.0	116.4	117.1	116.5(f)	116.5(f)

注:1.(:)表示无数据;(e)表示估计;(f)表示预计。

2.资料来源于欧盟统计局年鉴,2005。

三、外部成本具体转换

下面,基于前述研究提出的推荐数据,介绍从一个国家到另一个国家进行数值转化的方法和过程。

1. 交通拥堵

采用以下步骤进行数值转化：

(1) 根据小客车当量数(*PCU*)进行调整，将数值转化到其他类型车辆；

(2) 利用 HEATCOD5 Annex (Shiresandde Jong, 2006) 提出的欧盟 25 国的时间成本值 (*VOT*) 进行调整，将数值转化到不同国家。

2. 交通事故

为将推荐数值转化应用到其他国家，建议采用以下步骤进行数值转化：

(1) 道路交通

①根据事故风险率调整数值。事实上，由于对应各种车辆类型、覆盖欧盟 27 国的车辆伤亡事故率数据无法获得，只能采用 1998 年的居民平均死亡指标来代替。应该说，这是一个相当大致性的指标，因为它没有考虑不同车辆类型的具体事故风险。

②根据人均 GDP 调整数值。

③以弹性系数为 1 计算，根据实际人均 GDP 增长率(欧盟统计局公布)，相应地将 1998 年数据调整为 2000 年数值(用 2000 年欧元价值作为计量单位)。

④估算不同国家事故成本。

(2) 铁路交通

①根据事故风险率(每人・公里的伤亡)，对 27 国按照欧盟 15 国以 2000 年的平均成本值进行调整。由于致命的铁路交通事故相当稀少且容易受个别事件影响，可以考虑采用 7 年平均值(1998—2004 年)作为铁路交通事故率近似替代值。

②根据人均 GDP 调整数值。

③根据实际人均 GDP 增长率(欧盟统计局公布)，相应地将 1998 年数据调整为 2000 年数值(用 2000 年欧元价值作为计量单位)。

(3) 航空运输

①INFRAS/IWW(2004a)推荐的数值是按欧元/(飞机・km)为计量单位，针对不同国家首先应该根据人均 GDP 进行调整。其中，航空运输事故率在整个欧盟可以看作是一个常量。

②第二步应采用 INFRAS(2004)提出的平均数据将数值由单位欧元/(飞机・km)转换为欧元/起降，其中每飞机・km 外部成本来自于 TRENDS 数据库，每次起降(LTO)外部成本来自于国际民航组织 ICAO 数据。对于部分没有数据可查的国家，可以采用相类似国家的数值。

3. 空气污染

为将推荐的单位成本值转化应用到其他国家，建议采用以下步骤进行转化：

(1) 根据欧盟统计局公布的人均 GDP 实际年增长率，将来源于 HEATCO (2006a) 的 PM2.5 和 PM10 调整到基年 2000 年。

(2) 来自于 CAFE CBA(2005a)的 NO_x，SO_2 和 VOC 值，由于评估参数就是参照 2000 年，则无须再进行调整。

(3) 由于 HEATCO 没有提供保加利亚，挪威和罗马尼亚的数据资料(CAFE CBA 亦未包含这些国家)，且 CAFE CBA 也没有瑞士的数据资料。因此，需要将相类似国家的数据转化过来(保加利亚和罗马尼亚的数值可由匈牙利的转换而来,挪威的数值可以转自瑞典,瑞士的则可从奥地利转换过来)。转换时,需要关注和使用人口密度(人/km^2)和人均 GDP 指标。

(4)如果分类交通工具的具体排放因子可获得,可利用损失成本因子(每吨污染物成本)直接计算具体的污染外部成本值[欧元/(车·km)等单位]。

(5)如果靠排放因子不能计算出污染外部成本值,可以按比例调整颗粒物排放评估值(见空气污染章节表格数据),以此作为空气污染和上下游流程成本的近似替代值。不过,这样只能得到某些交通工具类型(仅限欧-Ⅲ标准)和交通状况下的代替值。

4. 噪声污染

为将推荐的单位成本值转化应用到其他国家,建议采用以下步骤进行转化:

(1)计算边际噪声污染成本值是很困难的,也近乎是不可能的。边际噪声污染成本与具体的交通状况、限速、交通工具构成、沿道路或铁道受扰居民分布等因素密切相关。通常情况,由于这些信息无法获得,则需要采用一个简单的数值转换程序。

(2)在噪声污染部分提出的可以 2000 年欧盟 15 国平均污染成本值作为代表指标。

(3)根据人均 GDP 进行调整,可以将指标值转换为 27 个国家的具体值。

5. 气候变化

针对每种交通状况和交通工具类型,估算每车·km 等的外部成本,原理上就是每车·km 等的排放物与某种具体排放情景下排放成本因子相乘。

为了感受下内部化气候变化成本的影响,以客车为例进行分析。当前现实生活中,一辆客车排放的 CO_2 为 200g/km,CO_2 排放成本为 25 欧元/t,折合换算为 0.005 欧元/km,即客车每公里 CO_2 排放成本为 0.005 欧元。到 2030 年,一辆客车排放的 CO_2 为 120g/km,CO_2 排放成本为 55 欧元/t,折合换算为 0.007 欧元/km。就量级来说,这个成本相对于每车·km 的拥有成本来说并不明显。

附录　交通运输外部成本研究参考

作者/头衔/出版年	范围				输出方法和(或)成本 (总体、平均和边际成本)	参考值
	结果的基准年	所覆盖国家	成本涵盖范围	所覆盖的交通方式		
欧盟计划和项目						
关于交通基础设施收费的高级小组项目,1998/1999	—(方法)	欧盟	基础设施、交通拥堵、环境成本(空气污染、噪声)、事故	公路、铁路	方法:边际成本、成本率	+
UNITE(交通效率描述和边际成本联合项目),2003; 项目协调:ITS,利兹	1998, (1996,2005)	欧盟15国, 匈牙利、 爱沙尼亚、瑞士	基础设施、事故、环境(空气污染、气候变化、噪声、自然和景观、土壤和水污染、核威胁)交通拥堵	公路、铁路、城市公共交通、航空、水运(内陆水运、海运船舶)	方法和结果:总体和平均成本(实验性描述),边际成本(案例研究)、成本率(评估传统)	+ +
RECORDIT(减少多运输方式间联运的全程实际成本),2001; 项目协调:ISIS,罗马	1998	3个被选择的欧洲跨境地带	—内部的(资源)成本; —外部成本:空气污染、噪声、事故、拥堵和稀缺性、气候变化	多运输货车交通联运:公路、铁路、船舶	总体和平均成本	+
CAPRI(交通定价研究一体化的协同行动方案),1999; 项目协调:ITS,利兹	1995	欧盟	拥堵、事故、空气污染、噪声、水污染和气候变化	公路、铁路和航空	结果:平均成本(其他欧盟计划和欧盟范围研究结果的汇集)	+
PETS(定价欧洲交通系统),1999; 项目协调:ITS,利兹	—	欧盟	基础设施(生产者成本),拥堵、空气污染、噪声、气候变化	公路、铁路和航空	方法:成本率 结果:其他项目结果和案例研究的总汇	0

续上表

作者/头衔/出版年	范围				输出方法和(或)成本(总体、平均和边际成本)	参考值
	结果的基准年	所覆盖国家	成本涵盖范围	所覆盖的交通方式		
COMPETE(交通政策对欧盟经济竞争力的分析及与美国对比研究),2006;项目协调:Fraunhofer-ISI,Karlsruhe(卡尔斯鲁厄,德国城市)	—	欧盟25国,美国、瑞士	拥堵成本、运营成本	公路、铁路、航空、水路	拥堵:没有自己的算法,其他研究的通用成本的总汇运营成本:结果:总体和平均成本	++
HEATCO(关于交通成本和项目评估的欧洲方式协调发展研究),项目进行中;项目协调:IER,Stuttgart(斯图加特,德国城市)	2002	欧盟25国	基础设施,(投入、维护、运营行政管理)	公路、铁路拥堵、事故噪声、空气污染	方法:成本率,含外部成本在内的成本利益范西指南	++
GRACE(关于事故描述与成本预测的一般性研究),项目进行中;项目协调:ITS,利兹	n. a.	欧盟25国	基础设施、事故	公路、铁路、航空、水路噪声、气候变化环境、拥堵	方法和结果:边际成本(案例研究)总体和平均成本	++
ExternE(能源的外部性研究),1999;项目协调:IER,斯图加特	1995	欧盟15国(卢森堡除外)、挪威和一些成员国(如波兰)		事故、空气污染、土壤和水污染、气候变化、噪声	方法和结果:总体和平均成本	+
NewExt:ExternE(能源外部性)方法论更新,2005;项目协调:IER,斯图加特	2004/5	欧盟	能源的外部成本	事故、空气污染土壤和水污染气候变化	方法论更新,修正后的成本指向,WTP、隐藏价格和一次反应功能	++
NEEDS(可持续新能源外部性发展研究),项目进行中;项目协调:ISIS,罗马	2005	(还未研究结果)	空气污染、生物多样化损失和土地使用、气候变化、土壤和水污染	能源的外部成本	—	++

续上表

作者/头衔/出版年	范围				输出方法和(或)成本（总体、平均和边际成本）	参考值
	结果的基准年	所覆盖国家	成本涵盖范围	所覆盖的交通方式		
CAFECBA	2002/2020	欧盟	空气污染	—	空气污染成本（成本—利益分析）	++
COPERT	2000/2020	欧盟25国	空气污染	所有方式	排气数据库	0
TREMOVE	2000/2020	欧盟25国	最相关的外部成本	所有方式	政策评估工具	++
iTREN－2030	2007—2030	欧盟25国	最相关的外部成本	所有方式	始于2007年，欧盟交通网络分析工具，2030年关于交通、环境和经济的可预测性	(++)
欧洲范围内的其他研究						
INFRAS/IWW，交通外部成本，2000	1995—2010预测	欧盟15国，挪威、瑞士	事故、噪声、空气污染、气候变化、自然和景观、城市效应、上/下游过程、拥堵	公路、铁路、航空、水路（内陆水路交通）	方法和结果：总体和平均成本、边际成本	0
INFRAS/IWW，交通外部成本最新研究，2004a	2000	欧盟15国，挪威、瑞士	事故、噪声、空气污染、气候变化、自然和景观、城市效应、上/下游过程、拥堵	公路、铁路、航空、水路（内陆水路交通）	结果：总体和平均成本、边际成本（2000年研究所得的方法）	+
FriedrichandBickel，交通环境成本研究，2001	1995—1998（取决于国家）	比利时、芬兰、法国、德国、希腊、荷兰、英国	空气污染、地面生态空（自然和景观、土壤和水污染）、气候变化、上/下游过程、	公路、铁路、航内陆水运	方法和结果：边际成本、总体和平均成本，成本率	+
ECMT，欧洲高效交通——外部成本内部化政策研究，1998	1991	欧盟15国，挪威、瑞士	基础设施、拥堵、事故、噪声、空气污染、气候变化	公路、铁路	方法和结果：欧洲研究总汇	0

续上表

作者/头衔/出版年	范围				输出方法和(或)成本（总体、平均和边际成本）	参考值
	结果的基准年	所覆盖国家	成本涵盖范围	所覆盖的交通方式		
OECD/INFRAS/Herry，欧洲中东地区交通外部成本研究，2003	1995(2010)	东欧：阿尔巴尼亚、波斯尼亚—黑塞哥维那、保加利亚、克罗地亚、捷克斯洛伐克、FYRO、马其顿、波兰、罗马尼亚、斯洛伐克、斯洛文尼亚、乌克兰	事故、噪声、空气污染、空气候变化、自然和景观	公路、铁路、航空、水路	结果：总体和平均成本	+
TRL2001，为预测及评估交通使用者的边际成本而进行的欧盟交通成本研究	1995/2000	欧盟15国（基于研究观察）	交通的社会成本：事故、基础设施、环境、噪声	公路、铁路、航空、海运、内陆水运	短期边际成本、现有研究结果观察、成本矩阵手册、海运和航空的案例研究	+
CEDelft/ECORYS，基础设施使用的边际成本——简易方法，2004	方法论研究，欧盟15国		基础设施、拥堵和稀缺性、航空事故、空气污染、噪声	公路、铁路	方法：边际成本、成本率不断研究结果的对比分析（边际成本）	++
CEDelft，航空外部成本研究，2002	1999	欧盟	气候变化、噪声、空气污染、航空运输		方法和结果：平均成本	+
ECMT，交通税收改革研究，2004	2000	欧盟	基础设施、环境	公路、铁路、水路	结果：各国的边际外部成本。不同价格体系的福利计算基础	0
EEATERM，概要说明书25——每类交通工具的外部成本和收费，2005	2003/04(2000)	欧盟15国	事故、噪声、空气污染、气候变化、基础设施	公路、铁路、水路（内陆水道）	结果：边际成本及各个欧洲研究结果总汇	+

续上表

作者/头衔/出版年	范围				输出方法和(或)成本(总体、平均和边际成本)	参考值
	结果的基准年	所覆盖国家	成本涵盖范围	所覆盖的交通方式		
各国具体研究						
CEDelft,交通高效价格——交通工具使用的社会成本估算研究,1999	2002(铁路:2010)>预测	荷兰	基础设施(保养费、运营费、建设费)、事故、空气污染、气候变化、噪声、拥堵	公路、铁路、航空、水路(内陆水运)	方法和结果:边际社会成本	0
OSD(联邦空间发展办公室)公路和铁路交通的外部成本(6个关于不同成本分类的研究),2002—2006	2000(事故:1998)	瑞士	事故、噪声、空气污染、自然和景观、气候变化、土壤和水污染、振动、敏感地区(高山区)、城市效应、上/下游过程	公路、铁路	方法和结果:总体和平均成本	+
Herry,奥地利货车的外部成本,2000	1995	奥地利		公路、铁路、水路(内陆水道)	总体和平均成本	0
Mathieu,Bilan,2001年;法国交通环境成本,2002	2001(2010,2020)	法国	事故、空气污染、气候变化、噪声、自然和景观、城市效应、上下游过程拥堵	公路、铁路、航空、水路(内陆水道)	结果:总体成本(方法和平均成本,来自INFRAS/IWW,2000a)	0
CEDelft,交通价格——交通社会成本概述,1999年研究,2004年更新	2002	荷兰	基础设施(保养、运营建设)事故、空气污染、气候变化、噪声、拥堵、地面状况	公路、铁路、航空水运(内陆船运)	方法和结果:总体成本、变化的社会成本	+
ITS,路面交通成本和收费(英国),1998,2001	1998	英国	基础设施(资本额和运营成本)车辆运营、拥堵和稀缺、空气污染、噪声、气候变化	公路、铁路	方法和结果:边际和平均成本	+
UBA(环境破坏的经济价值——估算环境成本的传统方法),2006	(方法论研究)	德国	环境效应的所有类型	不仅关注交通,而且还有能源等	方法:成本计算的常规程序(总体、平均、边际成本)、成本率	++

续上表

作者/头衔/出版年	范围				输出方法和(或)成本（总体、平均和边际成本）	参考值
	结果的基准年	所覆盖国家	成本涵盖范围	所覆盖的交通方式		
Hvid，交通外部成本，2004	2000	丹麦	基础设施、事故、空气污染、气候变化、噪声、拥堵	公路、铁路、航空短程海上运输	方法和结果：边际成本和总体成本，关于方法比较的欧洲研究回顾	0
LEBER/INFRAS，巴斯克地区交通外部成本，2006	2004	巴斯克地区	事故、噪声、空气污染气候变化、自然和景观城市效应、上下游过程拥堵	公路、铁路	方法和结果：总体和平均成本	0
COWI，塔林科技大学，爱沙尼亚交通外部成本，2001	2000	爱沙尼亚	事故、空气污染、气候变化噪声	公路、铁路	方法和结果：总体和平均成本	0
KBN，外部交通成本和基础设施成本的内部化，1999	1997	波兰	气候变化、空气污染噪声、事故	公路、铁路	总体和平均外部成本	0
交通部，VaV 801/210/109 “Výzkumzátěžeživotníhoprost ř edízdopravy”，2004	2003	捷克	气候变化、空气污染、噪声、事故、其他成本	公路、铁路	方法论，总体成本、制模工作	0
BoiteuxReport，2001：Transports：choixdesinvestissementsetcoûtdesnuisances	2000	法国	气候变化、拥堵、自然和景观、空气污染、噪声	公路、铁路	方法建议、平均/边际成本	0
基础设施部，2006：外部成本估算的模型应用	2005	意大利	事故、噪声、空气污染、气候变化、阻燃和景观、城市效应、上下游过程、拥堵	公路、铁路、航空、海上运输	方法论、单位成本率	0

注：“参考值”一栏中，“＋＋”表示“十分相关”，“＋”表示“相关”，“0”表示“部分相关”。

词汇表和缩略语

外部性 externality …… 1
拥堵成本 congestion and scarcity costs …… 1
温室效应 climate change …… 1
噪声污染成本 noise costs …… 1
社会成本 social costs …… 1
私人成本 private（or internal）costs …… 1
外部成本 external costs …… 1
边际成本 marginal costs …… 1
外部成本内部化 internalization of external costs …… 2
欧洲委员会 EC The European Commission …… 3
外部成本层次性 level of externality …… 3
平均成本 average costs …… 3
交通方式 traffic mode …… 3
温室气体 GHG greenhouse gas …… 4
事故成本 accident costs …… 4
空气污染成本 air pollution cost …… 4
规避成本法 avoidance cost approach …… 4
影响路径法 Impact pathway approach …… 4
剂量反应函数 dose-response function …… 4
明确喜好法 SP the Stated Preference approach …… 4
付款意愿 WTP The willingness to pay …… 5
接受意愿 WTA The willingness to accept …… 5
损失成本法 damage cost approach …… 5
赔偿成本法 Compensation cost approach …… 5
防护成本法 prevention cost approach …… 5
福利理论 welfare-theory …… 5
防护支出 defensive expenditures …… 5
瓶颈拥堵 bottleneck congestion …… 8
流量拥堵 flow congestion …… 8
时间价值 VOT value of time …… 10
边际社会成本 MSC marginal social costs …… 10
行程时间成本 VTTS value of travel time savings …… 10

参 考 文 献

[1] Update of the Handbook on External Costs of Transport (Final Report)[R]. Ricardo-AEA, January,2014.

[2] Handbook on estimation of external costs in the transport sector (Version 1.1) ——Produced within the study Internalisation Measures and Policies for all external Cost of Transport (IMPACT)[R]. Delft, CE, February, 2008.

[3] 交通运输部科学研究院,等.交通运输外部性测算理论与方法研究[R]. 2011.

[4] World Commission on Environment and Development. Our Common Future[M]. Oxford: Oxford University Press, 1987.

[5] UNCED. The Rio Declaration on Environment and Development[R]. 1992.

[6] UNCED. Agenda 21[Z]. 1992.

[7] Rio + 20 United Nations Conference on Sustainable Development. The Future We Want[R]. 2012.

[8] International Energy Agency (IEA). 2012 Key World Energy Statistics:33[R]. Paris, 2012.

[9] International Energy Agency (IEA). Transport, energy and CO_2: moving toward sustainability[R]. Paris, 2009.

[10] 交通运输部科学研究院,等.资源节约型、环境友好型交通发展模式研究[R]. 2008.

[11] Association of European Car Manufacturers (ACEA). European Tax Guide 2006[M]. Brussels, 2006.

[12] Association of European Airlines (AEA). AEA Punctuality Data (Annual 2005)[M]. Brussels, 2006.

[13] 李扬. 中国公路交通可持续发展模式研究[M].北京:人民交通出版社, 2013.

[14] D. Milne, E. Niskanen, E. Verhoef. Operationalisation of Marginal Cost Pricing within Urban Transport[R]. Helsinki, 2000.

[15] H. Andersson. The Value of Safety as Revealed in the Swedish Car Market: An Application of the Hedonic Pricing Approach[J]. the Journal of Risk and Uncertainty,2005,30:3, 211-239.

[16] 梅娟,范钦华,赵由才,等.交通运输领域温室气体减排与控制技术[M].北京:化学工业出版社,2009.

[17] Henrik Andersson, Mikael Ögren. Noise Charges in railway Infrastructure : A pricing schedule based on the marginal cost principle[J]. Transport Policy 14,2007,204-213.

[18] S. Ardekani, E. Hauer, B. Jarnei. Traffic Impact Models in Traffic Flow Theory-A-State-

of-the-art Report[R]. Oak Ridge National Laboratory, 1997.

[19] 庄贵阳. 低碳经济:气候变化背景下中国的发展之路[M]. 北京:气象出版社,2007.

[20] 朱跃忠,戴彦德,冯超. 中国能源发展现状、趋势及未来能源转型路线[M]. 北京:社会科学文献出版社,2015.

[21] 石磊,王岐东,付明亮. 应用居民出行状况估算北京市机动车污染排放量[J]. 北京工商大学学报(自然科学版),2009,27(2):12-915.

[22] Adviesdienst Verkeer en Vervoer(AVV). File monitor 2004[R]. Rotterdam, 2005.

[23] T. B. Bjorner, J. Kronbak, T. Lundhede. Valuation of Noise Reduction : Comparing results from hedonic pricing and contingent valuation[J]. Copenhagen : AKF Forlaget, 2003.

[24] R. L. Burdett, E. Kozan. Techniques for absolute capacity determination in railways[J]. Transportation Research Part B: Methodological,2006,40(8):616-632.

[25] Arianne de Blaeij. The Value of Statistical Life: a Meta Analysis[J]. Accident Analysis and Prevention,2003,35(6):973-986.

[26] 莱斯特·R·布朗. B 模式:拯救地球,延续文明[M]. 林自新,暴永宁,等,译. 北京:东方出版社, 2006.

[27] 翁孟勇,孙国庆,等. 发展现代交通运输业——新时期公路水路交通发展的新战略[M]. 北京:人民交通出版社,2008.

[28] 郭杰,陈建营,欧阳斌. 中国区域低碳交通评价指标体系研究[R]. 综合运输,2012,(6):15-20.

[29] Mike Holland (EMRC), Steve Pye, Paul Watkiss (AEA Technology)(CAFE, 2005a). The clean air for Europe(CAFE) programme[J]. AEA Technology Environment, 2005.

[30] Fintan Hurley, Alistair Hunt(CAFE, 2005b). Methodology for the Cost-Benefit analysis for CAFE: Volume 2: Health Impact Assessment[R]. AEA Technology Environment, 2005.

[31] J. M. W. Dings, P. Janse, B. A. Leurs, M. D. Davidson(CE Delft, 1999). Efficient Prices for transport, estimating the social costs of vehicle use[R]. Delft : CE Delft, 1999.

[32] J. M. W. Dings, R. C. N. Wit, B. A. Leurs, et al (CE Delft, 2002a). External Costs of Aviation[R]. Delft : CE Delft, 2002.

[33] J. M. W. Dings, B. A. Leurs, A. F. Hof(CE Delft, 2002b). Returns on roads : Optimising road investments and use with the 'user pays principle'[R]. Free University of Amsterdam, Delft : CE Delft, 2002.

[34] J. M. W. (Jos) Dings, M. D. (Marc) Davidson, M. N. (Maartje) Sevenster(CE Delft, 2003). External and infrastructure costs of road and rail traffic : analysing European studies[R]. Delft : CE Delft, 2003.

[35] H. P. (Huib) van Essen, B. H. (Bart) Boon(CE Delft, 2004a). Marginal costs of Infrastructure use-towards a simplified approach[R]. Delft : CE Delft, 2003.

[36] J. P. L. (Joost) Vermeulen, B. H. (Bart) Boon(CE Delft, 2004b). The price of Trans-

port : overview of the social costs of transport[R]. Delft : CE Delft, 2004.

[37] 薛进军,赵忠秀. 中国低碳经济发展报告[M]. 北京:社会科学文献出版社,2011.

[38] 赵忠秀,王苒. 中国引领世界绿色低碳发展[M]. 北京:社会科学文献出版社,2015.

[39] 彭鹏. 城市低碳交通评价指标体系及实现途径研究[D]. 北京:北京交通大学,2013.

[40] 薛睿. 中国低碳经济发展的政策研究[D]. 北京:中共中央党校,2011.

[41] Concawe, Eucar, JRC. Well-to-wheels analysis of future automotive fuels and power trains in the European context(version 2c)[R]. 2007.

[42] 欧训民,张希良. 中国低碳车辆技术现状与发展趋势[J]. 气候变化研究进展,2010,6(2):136-140.

[43] 亚瑟·赛斯尔·庇古. 福利经济学[M]. 何玉长,丁晓钦,译. 上海:上海财经大学出版社, 2009.

[44] Georgina Santos, Hannah Behrendt. Externalities and economic policies in road transport [J]. Research in Transportation Economics, 2010(28): 2-45.

[45] Akshaya KumarSen, Geetam Tiwar, Vrajaindra Upadhyay. Estimating marginal external costs of transport in Delhi[J]. Transport Policy, 2010(17): 27-37.

[46] André De Palma, Robin Lindsey. Modelling and Evaluation of Road Pricing in Paris[J]. Transport Policy, 2006, 13(2): 115-126.

[47] De Palma, R. Lindsey, S. Proost(De Palma et al., 2006a). Research challenges in modelling urban road pricing: An overview Transport Policy 13[J]. Elsevier, 2006:97-105.

[48] De Palma, R. Lindsey, E. Niskanen(De Palma et al., 2006b). Policy insights from the urban road pricing case studies Transport Policy 13[J]. Elsevier, 2006:149-161.

[49] Department for Transport, Local Government and the Regions (DfT, 2005a). Vehicle Speeds in Great Britain 2004[R]. London: Statistical Bulletin, 2005.

[50] Department for Transport, Local Government and the Regions (DfT, 2005b). Traffic Speeds in English Urban Areas 2004[R]. London:Transport Statistics Bulletin, 2005.

[51] A. P. Dickerson JD. Peirson R. W. Vickerman. Road Accidents and Traffic Flows: An Econometric Investigation[J]. Economica, 2000(67):101-121.

[52] Doll, J. O. Jansson(Doll, 2005). User Costs and Benefits[J]. Measuring the Marginal Social Costs of Transport : Research in Transportation Economics. 14, 2005.

[53] 交通部科学研究院. 道路交通事故经济损失评估方法研究[R]. 2008.

[54] 美国交通研究委员会. 道路通行能力手册[M]. 任福田,等,译. 北京:人民交通出版社, 2007.

[55] 张剑飞. 公路通行能力的测算和车速——流量关系的建立[J]. 公路,1997(9):27-31.

[56] 王琴英. 城市道路交通拥堵的外部成本评估与测算[J]. 价格理论与实践,2008(12):66-67.

[57] 蔡凤田,谢元芒. 汽车运行油耗的影响因素与汽车节能技术[J]. 交通节能与环保,2006(1):28-33.

[58] Carlos Alberto, González-Guzmán, Francesc Robusté. Road Space Reallocation According to Car Congestion Externality[J]. J. Urban Plann. Dev, 2011(137):281-290.

[59] European Conference of Ministers of Transport(ECMT, 2000). Economic Evaluation of Road Traffic Safety Measures[R]. Paris, 2000.

[60] European Conference of Ministers of Transport(ECMT, 2004). Reforming Transport Taxes [R]. Paris, 2004.

[61] European Conference of Ministries of Transport(ECMT, 2005). Charges for the Use of Infrastructure in ECMT Railways[R]. Paris, 2005.

[62] European Commission(2002a). Highlights of the workshop on the 'State-of-the-art in noise valuation'[R]. Brussels: European Commission DG Environment, 2002.

[63] European Commission (2002b). Position paper on dose-response relationships between transportation noise and annoyance[R]. Brussels: European Commission, 2002.

[64] European Commission(2002c). Directive 2002/49/EC of the European Parliament and of the Council relating to the assessment and management of environmental noise[R]. Brussels: European Commission, 2002.

[65] European Commission. Position paper on railway noise and communication on railway noise abatement[R]. Brussels: European Commission, 2003.

[66] European Commission. Directorate General for Energy and Transport in co-operation with Eurostat Energy and Transport in Figures[R]. Brussels: European Commission, 2006.

[67] European Commission(2007a). Limiting Global Climate Change to 2 degrees Celsius The way ahead for 2020 and beyond[R]. Impact Assessment Summary,2007.

[68] European Commission(2007b). Results of the review of the Community Strategy to reduce CO_2 emissions from passenger cars and light-commercial vehicles[R]. Impact Assessment, Commission Staff Working Document, 2007.

[69] European Commission(2007c). Actions-Benefits and Cost of Climate Change Policies and Measures[EB/OL]. http://europa. eu. int/comm/environment/climat/pdf/final_report2. pdf.

[70] Yao, Z., Cao, X., Shen, X., et al. On-road emission characteristics of CNG-fueled bi-fuel taxis [J]. Atmospheric Environment,2014(94):198-204.

[71] Cai, H., Jia, X., Chiu, A. S. F., et al. Siting public electric vehicle charging stations in Beijing using big-data informed travel patterns of the taxi fleet[J]. Transportation Research Part D, 2014(33): 39-46.

[72] Bischoff J, Maciejewski M. Agent-based simulation of electric taxicab fleets[J]. Transportation Research Procedia, 2014(4): 191-198.

[73] 吴敬艳. 低碳产业与低碳经济发展路径[J]. 现代经济信息,2014(6):2.

[74] 龚紫. 低碳运输发展策略研究[J]. 交通与运输,2014:67-68.

[75] 白洋. 外部性理论与促进低碳经济发展的财税政策[J]. 经济师,2014 (1):82-83.

[76] Externalities of Energy Volume 2: Methodology (ExternE, 1996)[R]. Luxembourg: Eu-

ropean Commission, 1996.

[77] P. Bickel (IER), et al(ExternE, 1997). External Costs of Transport in ExternE[R]. Luxembourg : European Commission, 1997.

[78] N. Eyre, et al(ExternE, 1998). Global Warming Damages[R]. Luxembourg : European Commission, 1998.

[79] External Alities of Energy: Methodology Annexes(ExternE, 1999a)[R]. Luxembourg: European Commission, 1999.

[80] Externalities of Energy, Volume 7: Methodology(ExternE, 1999b)[R]. Luxembourg: European Commission, 1999.

[81] External Costs of Energy Conversion: Improvement of the ExternE Methodology and Assessment of Energy-related Transport Externalities(ExternE, 1999c)[R]. Stuttgart : IER Stuttgart, 1999.

[82] P. Bickel, R. Friedrich (ExternE, 2005). Externalities of Energy, Methodology[R]. Luxembourg : European Commission, 2005.

[83] W. Schade, C. Doll, M. Maibach, et al. (INFRAS, 2006). Analysis of the contribution of transport policies to the competitiveness of the EU economy and comparison with the United States (COMPETE)[R]. Karlsruhe : Fraunhofer-ISI, 2006.

[84] R. Friedrich, P. Bickel (Friedrich and Bickel, 2001). Environmental external costs of transport Stuttgart : IER[R]. University of Stuttgart, 2001.

[85] R. Friedrich,P. Bickel(Friedrich and Bickel,2001). Environmental external costs of transport Stuttgart:IER[R]. University of Stuttgart,2001.

[86] Kelly, J. A., Ryan, L., Casey, E., O'Riordan, N. Profiling road transport activity: Emissions from 2000 to 2005 in Ireland using national car test data[J]. Transport Policy, 2009, 16(4): 183-192.

[87] Pandian, S., Gokhale, S., Ghoshal, A. K. Evaluating effects of traffic and vehicle characteristics on vehicular emissions near traffic intersections [J]. Transportation Research Part D, 2009(14): 180-196.

[88] 吴洪洋. 美国交通运输战略与节能环保[J]. 世界环境,2008(5):58-60.

[89] 肖主安,陆根法. 欧盟可持续交通政策概述[J]. 环境保护,2005(1):68.

[90] 普雷斯科特. 低碳经济遏制全球变暖——英国在行动[J]. 环境保护,2007(11):75.

[91] 郭印,王敏洁. 国际低碳经济发展经验及对中国的启示[J]. 理论参考,2009(12).

[92] H. Link, et al. (GRACE, 2005). Generalisation of Research on Accounts and Cost Estimation (GRACE) Deliverable 1: Information Requirements for Monitoring Implementation of Social Marginal Cost Pricing[R]. Leeds : ITS, University of Leeds, 2005.

[93] G. Lindberg(GRACE, 2006a). Generalisation of Research on Accounts and Cost Estimation (GRACE) Deliverable D3 Marginal Costs Case Studies for Road and Rail Transport [R]. Leeds : ITS, University of Leeds, 2006.

[94] G. Lindberg(GRACE, 2006b). Generalisation of Research on Accounts and Cost Estima-

tion (GRACE) Case study 1.4: State-of-the-art of external marginal accident costs, Annex to Deliverable D3 Marginal Coast Case Studies for Road and Rail Transport[R]. Leeds : ITS, University of Leeds, 2006.

[95] Christoph Lieb, Stefan Suter, Peter Bickel(GRACE, 2006c). Generalisation of Research on Accounts and Cost Estimation (GRACE) Environmental Costs in Sensitive Areas[R]. Leeds : ITS, University of Leeds, August, 2006.

[96] H. Meersman, F. Monteiro, et al. (GRACE, 2006d). Generalisation of Research on Accounts and Cost Estimation (GRACE) Deliverable D4: Marginal Cost Case Studies vor Air and Water Transport[R]. Antwerp : University of Antwerp, 2006.

[97] 李扬,褚春超,陈建营.公路交通节能减排评价指标体系及应用研究[J].公路交通科技, 2013, 30(1):141-145.

[98] P. Bickel, et al. (HEATCO, 2005). Developing Harmonised European Approaches for Transport Costing and Project Assessment (HEATCO) Deliverable 2: State-of-the-art in project assessment[R]. Stuttgart : Universität Stuttgart, 2005.

[99] P. Bickel ,et al. (HEATCO, 2006a). Developing Harmonised European Approaches for Transport Costing and Project Assessment (HEATCO),Deliverable D5: Proposal for Harmonised Guidelines[R]. Stuttgart : IER, Germany, Stuttgart, 2006.

[100] P. Bickel(HEATCO, 2006b). Developing Harmonised European Approaches for Transport Costing and Project Assessment (HEATCO) Deliverable D6: Case Study Results [R]. Stuttgart : IER, University of Stuttgart, 2006.

[101] Li Yang, Chu Chunchao. Study on the External Cost of Highway Congestion:Estimation Method and Application[J]. Applied Mechanics and Materials, 2013:295-298, 781-786.

[102] Chu Chunchao. Study on Commercial Vehicle Atmospheric Pollution Cost Estimation in China[J]. Advances in Energy Science and Equipment Engineering, 2015,753-757.

[103] Chu Chunchao, Liu Yang. Estimation of external cost and security governance on traffic accidents[J]. Lecture Notes in Computer Science, 2015, 399-408.

[104] Chu Chunchao, Pan Fengming. Study on highway transportation greenhouse effect external cost estimation in China[J]. IOP Conf. Series: Earth and Environmental Science, 2017, 1-8.

[105] International Energy Agency (IEA). 2012 Key World Energy Statistics:33[M]. Paris, 2012.

[106] Morichi S. , Acharya S. Transport development in Asian megacities: a new perspective [M]. Springer-Verlag Berlin Heidelberg, 2013.

[107] Burns, L. D. A vision of our transport future[J]. Nature, 2013(497): 181-182.

[108] 郭园园.基于 MOVES 模型的深圳市机动车排放因子研究[D].哈尔滨:哈尔滨工业大学,2014.

[109] 李岳林.交通运输环境污染与控制[M].2 版.北京:机械工业出版社,2010.

[110] 冯相昭. 城市交通温室气体减排的策略研究[M]. 北京:气象出版社,2009.
[111] 韩彪,聂伟,何玲. 出租车市场体系研究:理论与实践[M]. 北京:人民交通出版社,2010.
[112] 孙国金. 机动车排放 PM2.5 和 NO_x 的特征与减排对策[D]. 杭州:浙江大学,2013.
[113] INFRAS(1995). Ökoinventar Transporte: Grundlagen für den ökologischen Vergleich von Transportsystemen und für den Einbezug von Transportsystemen in Ökobilanzen[R]. SPP Umwelt, Zürich : INFRAS, 1995.
[114] INFRAS(1998a). Astra-Staukosten im Strassenverkehr Schlussbericht Bern[R]. INFRAS,1998.
[115] INFRAS(1998b). Staukosten in der Schweiz[R]. Bern : INFRAS, 1998.
[116] INFRAS(2003). Stau und Langsamfahrkosten im Kanton Zug[R]. Bern : Amt für Raumplanung Kanton Zug, 2003.
[117] M. Keller(INFRAS, 2004). Handbook Emission Factors for Road Transport (HBEFA 2.1)[M]. INFRAS, Innovation and Technology, 2004.
[118] C. Schreyer, M. Maibach(INFRAS, 2007). Externe Kosten des Verkehrs in Deutschland Aufdatierung 2005, Schlussbericht[R]. Zürich : INFRAS, 2007.
[119] INFRAS/IWW(1995). External effects of transport[R]. Karlsruhe/Zürich/Paris : the International Union of Railways (UIC), 1995.
[120] INFRAS/IWW(2000). External Costs of Transport: Accident, Environmental and Congestion Costs of Transport in Western Europe[R]. Karlsruhe/Zürich/Paris : the International Union of Railways (UIC), 2000.
[121] INFRAS/IWW(2003). External costs of noise : the influence of various reduction measures on the external costs of freight railway noise[R]. Zurich : INFRAS, 2003.
[122] INFRAS/IWW(2004a). External costs of transport: update study[R]. Karlsruhe/Zürich/Paris : the International Union of Railways (UIC), 2004.
[123] INFRAS/IWW(2004b). FACORA-Facts on Competition in the European Transport Sector,Final Report[R]. Karlsruhe/Zurich/Paris : International Union of Railways (UIC), 2004.
[124] 黄宇,吴晓煦. 武汉市道路交通业 CO 排放与减排潜力分析[J]. 环境保护科学,2012, 38(6):9-13.
[125] 贺克斌,霍红,王岐东,等. 道路机动车排放模型技术方法与应用[M]. 北京:科学出版社,2014.
[126] 张少君. 中国典型城市机动车排放特征与控制策略研究[D]. 北京:清华大学, 2014.
[127] IPCC(1999). Aviation and the global atmosphere-A special report of IPCC working groups Ⅰ and Ⅲ. Intergovernmental Panel on Climate Change[M]. Cambridge : Cambridge University Press, UK, 1999.
[128] J. Nellthorp, P. Mackie, A. Bristow(ITS, 1998). Socio-Economic and Spatial Impacts

of Transport (EUNET) Deliverable D9 : Measurement and Valuation of the Impacts of Transport Initiatives[R]. Leeds : ITS, University of Leeds, 1998.

[129] T. Sansom, C. Nash, P. Macie (ITS, 2001). Surface Transport Costs and Charges Great Britain 1998 : Final Report for the Department for the Environment, Transport and the Regions[R]. Leeds : ITS, University of Leeds, 2001.

[130] F. Oosterhuis, et al. (IVM, 2006). Ex-post estimate of costs to business of EU environmental legislation: final report[R]. Amsterdam: Institute for Environmental Studies, 2006.

[131] T. Johnson and I. Savage. Departure delays, the pricing of congestion, and expansion proposals at Chicago O′ Hare Airport[J]. Journal of Air Transport Management 12, 182-190, Elsevier,2006.

[132] 巩晶.城市公交客车尾气污染分析及优化控制研究[D].武汉:武汉理工大学,2011.

[133] 周红飞.考虑碳排放成本的城市交通拥挤定价模型研究[D].哈尔滨:哈尔滨工业大学,2012.

[134] 刘文宇.北京市发展低碳交通的前景分析[J].政策论坛,2010:37-40.

[135] Joode, et al. Energy Policies and Risks on Energy Markets; A cost-benefit analysis[J]. Netherlands Bureau for Economic Policy Analysis EBP, The Hague, 2004.

[136] LEBER(2006). External costs of transport in the Basque Country[R]. Leioa/Zurich : LEBER/INFRAS, 2006.

[137] Leiby(2007). Estimating the Energy Security Benefits of Reduced U. S. Oil Imports[R]. Oak Ridge : Oak Ridge National Laboratory, 2007.

[138] C. R. Lindsey, E. T. Verhoef. Traffic congestion and congestion pricing In : Handbook of Transport Systems and Traffic Control[M]. Handbooks in Transport 3, 2001.

[139] NEA, IWW, COWI, et al. (NEA, 2003). Deliverable D6: Traffic, Bottlenecks, and Environmental Analysis on 25 Corridors Scenarios[R]. Traffic Forecasts, and Analysis of Corridors on the Trans-European Networks (TEN-STAC).

[140] W. Ott, M. Baur, Y. Kaufmann(NEEDS, 2005a). New energy externalities development for sustainability (NEEDS) Deliverable D4. 1-RS 1b: Assessment of Biodiversity Losses[R]. Zurich : Econcept, 2005.

[141] Richard Loulou, et al. (NEEDS, 2005b). New energy externalities development for sustainability (NEEDS) Deliverable D4. 1-RS : Integration : Integration of research streams: an interim report on the harmonisation of methodologies[R]. Zurich : NEEDS, 2005.

[142] R. Friedrich, et al. (NewExt, 2004). New Elements for the Assessment of External Costs from Energy Technologies (NewExt): Final Report to the European Commission[R]. DG Research, Technological Development and Demonstration (RTD), Stuttgart : University of Stuttgart, 2004.

[143] James Odeck, Svein Brathen. Travel demand elasticities and users attitudes: A case study

of Norwegian toll projects[J]. Transportation Research Part A 42 (2008),77-94, Elsevier, 2008.

[144] M. Maibach, C. Schreyer, et al. (OECD/INFRAS/Herry, 2003). External costs of transport in Central and Eastern Europe, for the OECD Environment Directorate, Working Party on National Environmental Policy, Working Group on Transport[R]. Zurich/ Wien : 2003.

[145] Ecoplan, INFRAS, ISPM(OSD, 2004a). Externe Gesundheitskosten durch verkehrsbedingte Luftverschmutzung : Aktualisierung für das Jahr 2000[R]. Bern : Bundesamtes für Raumentwicklung (ARE), 2004.

[146] INFRAS(OSD, 2004b). Verkehrsbedingte Gebäudeschäden in der Schweiz : Aktualisierung der externen Kosten 2000[R]. Bern : Bundesamts für Raumentwicklung, 2004.

[147] INFRAS(OSD, 2006). Externe Kosten des Strassen-und Schienenverkehrs 2000 : Klima und bisher nicht erfasste Umweltbereiche, städtische Räume sowie vor-und nachgelagerte Prozesse[R]. Bern : Bundesamtes für Raumentwicklung (ARE), 2006.

[148] Stef Proost(Tremove, 2006). TREMOVE 2 Service contract for the further development and application of the TREMOVE transport model-Lot 3 : Final Report Part 2: Description of the baseline[R]. Brussels : European Commission, Directorate General of the Environment, 2006.

[149] G. Rhys-Tyler, et al. (TRL, 2001a). A study on the costs of transport in the European Union in order to estimate and assess the marginal costs of the use of transport, Draft Final Report[R]. Volume 1,Berkshire : Transport Research Laboratory (TRL), 2001.

[150] G. Rhys-Tyler, et al. (TRL, 2001b). A study on the costs of transport in the European Union in order to estimate and assess the marginal costs of the use of transport, Volume 3: Case studies and First Round Reforms[R]. Berkshire : Transport Research Laboratory (TRL), 2001.

[151] Consortium TRL, IWW, PTV, NEA and UA(TRL, 2001c). A study on the cost of transport in the European Union in order to estimate and assess the marginal costs of the use of transport, Volume 1, Literature Survey[R]. Berkshire : Transport Research Laboratory (TRL), 2001.

[152] TRL(2001d). A study on the cost of transport in the European Union in order to estimate and assess the marginal costs of the use of transport, Volume 2, Cost Matrices Handbook: Estimates of the Marginal Costs of Transport[R]. Berkshire : Transport Research Laboratory (TRL), 2001.

[153] S. Schwermer, et al. (UBA, 2006a). Economic valuation of environmental damages-method convention for estimating environmental costs[R]. Dessau : Umweltbundesambt, 2006.

[154] Markus Maibach, Niklas Sieber(UBA, 2006b). Praktische Anwendung der Methodenkonvention: Möglichkeiten der Berücksichtigung externer Umweltkosten bei Wirtschaftlich-

keitsrechnungen von öffentlichen Investitionen[R]. Dessau : Umweltbundesamt, 2006.

[155] H. Link, L. Stewart(UNITE, 2000a). Unification of accounts and marginal costs for transport efficiency (UNITE) Deliverable 2: The accounts approach[R]. Leeds : ITS, University of Leeds, 2000.

[156] C. Doll, G. Lindberg, E. Niskanen(UNITE, 2000b). Unification of accounts and marginal costs for transport efficiency (UNITE) Interim report 8.2: Accounts Approach for Accidents[R]. Leeds : ITS, University of Leeds, June, 2000.

[157] G. Lindberg, et al. (UNITE, 2000c). Unification of accounts and marginal costs for transport efficiency (UNITE) Interim Report 8.3: Marginal Cost Methodology for Accidents[R]. Linköping : VTI, Borlänge, 2000.

[158] P. Bickel, S. Schmid(UNITE, 2000d). Unification of accounts and marginal costs for transport efficiency (UNITE) Interim report 9.2 : Accounts approach for environmental costs[R]. Stuttgart : IER University of Stuttgart, 2000.

[159] J. Nellthorp, et al. (UNITE, 2001). Unification of accounts and marginal costs for transport efficiency (UNITE) : Valuation Conventions for UNITE[R]. Leeds : ITS, University of Leeds, 2001.

[160] H. Link, L. Stewart(UNITE, 2002a). Unification of accounts and marginal costs for transport efficiency (UNITE) Deliverable 5, Appendix 1: The pilot accounts for Germany [R]. Leeds : ITS, University of Leeds, 2002.

[161] S. Suter, H. Sommer(UNITE, 2002b). Unification of accounts and marginal costs for transport efficiency (UNITE) Deliverable 5, Appendix 2: The pilot accounts for Switzerland[R]. Leeds : ITS, University of Leeds, 2002.

[162] C. Doll(UNITE, 2002c). Unification of accounts and marginal costs for transport efficiency (UNITE) Deliverable 7: User Cost and Benefit Cast Studies[R]. Leeds : ITS, University of Leeds, 2002.

[163] G. Lindberg, et al. (UNITE, 2002d). Unification of accounts and marginal costs for transport efficiency (UNITE) Deliverable 9: Marginal accident costs-case studies[R]. Leeds : ITS, University of Leeds, 2002.

[164] C. Nash(UNITE, 2003a). Unification of accounts and marginal costs for transport efficiency (UNITE), Final report for publication[R]. Leeds : ITS, University of Leeds, 2003.

[165] P. Bickel, S. Schmid(UNITE, 2003b). Unification of accounts and marginal costs for transport efficiency (UNITE) Deliverable 11: Environmental marginal cost case studies [R]. Stuttgart : IER, University of Stuttgart, 2003.

[166] M. Van den Bossche (NEI), et al. (UNITE, 2003c). Unification of accounts and marginal costs for transport efficiency (UNITE) Deliverable 15: Guidance on Adapting Marginal Cost Estimates[R]. Leeds : ITS, University of Leeds, 2003.

[167] Erik Verhoef(Verhoef, 2002). Marginal cost based pricing in transport: Key implementa-

tion issues from the economic perspective, paper prepared for IMPRINT[R]. Amsterdam: Free University, 2002.

[168] Erik Verhoef(Verhoef, 2003). De economie van verkeerscongestie en andere stedelijke externaliteiten[R]. Amsterdam: Free University, 2003.

[169] E. Verhoef, C. Koopmans(Verhoef, 2004). Vormgeving en effecten van prijsbeleid op de weg: Effectiviteit, Efficiëntie en Acceptatie vanuit een Multidisciplinair Perspectief[R]. Amsterdam/Groningen/Delft: Vrije Universiteit Amsterdam, SEA/RUG/TUD, 2004.

[170] P. Watkiss, et al. (Watkiss, 2005a). The Impacts and Costs of Climate Change, Final Report Prepared as Task 1 of the Project' Modelling Support for Future Actions: Benefits and Cost of Climate Change Policies and Measures'[R]. Brussels: Commissioned by European Commission DG Environment, 2005.

[171] P. Watkiss, et al. (Watkiss, 2005b). The Social Cost of Carbon (SCC) Review: Methodological Approaches for Using SCC Estimates in Policy Assessment, Final Report[R]. London: UK Defra, 2005.

[172] Birgitta Berglund, Thomas Lindvall, Dietrich H Schwela(WHO, 1999). Guidelines for Community Noise[M]. S. l. World Health Organisation, 1999.

[173] S. Jokisch, et al. (ZEW, 2006). ZEW and B&D Forecast Service Contract in Support of the Impact Assessment of Various Policy Scenarios to Reduce CO_2 Emissions from Passenger Cars[M]. Brussels: European Commission, DG-ENV, 2006.